U0528730

絳雲樓圖

红豆遗梦

柳如是小传

汪兆骞 著

重庆出版集团
重庆出版社

图书在版编目（CIP）数据

红豆遗梦 : 柳如是小传 / 汪兆骞著. — 重庆 : 重庆出版社, 2024.1
ISBN 978-7-229-18113-0

Ⅰ. ①红… Ⅱ. ①汪… Ⅲ. ①柳如是（1618-1664）—传记 Ⅳ. ①K828.5

中国国家版本馆CIP数据核字(2023)第201536号

红豆遗梦：柳如是小传
HONGDOU YIMENG: LIURUSHI XIAOZHUAN
汪兆骞　著

出　　品：华章同人
出版监制：徐宪江　秦　琥
责任编辑：秦　琥　何彦彦
责任校对：陈　丽
责任印制：梁善池
营销编辑：史青苗　刘晓艳
装帧设计：潘振宇 774038217@qq.com

重庆出版集团
重庆出版社　出版
（重庆市南岸区南滨路 162 号 1 幢　邮编：400061　http://www.cqph.com）
北京盛通印刷股份有限公司　印刷
重庆出版集团图书发行公司　发行
邮购电话：010-85869375
全国新华书店经销
开本：787mm×1092mm　1/32　印张：9　字数：131千
2024年1月第1版　2024年1月第1次印刷
定价：58.00元

如有印装问题，请致电023-61520678

金明池·咏寒柳

有怅寒潮，无情残照，正是萧萧南浦。
更吹起，霜条孤影，还记得，旧时飞絮。
况晚来，烟浪斜阳，见行客，特地瘦腰如舞。
总一种凄凉，十分憔悴，尚有燕台佳句。
春日酿成秋日雨。念畴昔风流，暗伤如许。
纵饶有，绕堤画舸，冷落尽，水云犹故。
忆从前，一点东风，几隔着重帘，眉儿愁苦。
待约个梅魂，黄昏月淡，与伊深怜低语。

目

录

第一章

才过十三春浅，珠帘开也

河东君柳如是者，吴中名妓也。

名是，一字蘼芜。

美丰姿，性儇慧。

知书善诗律。

分题步韵，顷刻立就，使事谐对，老宿不如。

四方名士，无不接席唱酬。

（沈虬《河东君传》）

“才过十三春浅，珠帘开也。”

（陈子龙《玉蝴蝶·咏美人》）

柳如是十三岁为妓。

09

崇祯九年丙子(1636)，柳如是年十九岁。

云间(松江府别称)古城在如烟的春雨中，寂静地伴着碧波荡漾的吴江。

吴江有只小舟，自垂虹亭下，驶向前面的盛泽[1]归家院。

此院坐落在莺脰湖畔，水巷相通，有精致的河秀水榭、酒楼，商贾云集。文人雅士、官僚政客多到这里买醉消遣，纸醉金迷，故称小秦淮河。但它又与六朝金粉最奢华浮靡的秦淮河大相异趣。这里不只有河，还有粉墙、水巷、石桥、水阁等，洋溢着水乡神韵，开门见水，乘船上街。特别是夜幕降临，雾气弥漫，从画船、屋舍里透出的灯火，在水中摇曳，古镇便似梦如幻，朦胧飘逸，真是个

1 明代巨富沈万三以海外贸易起家，盛产丝绸的盛泽，自然得到了沈万三的重点投资，他在当地打造了很多“绮疏曲栏，歌姬并集”的声色场所。

温柔之乡，人间仙境。

小舟靠岸，复社党魁张溥，跳到岸上，撑起油纸伞，信步走向岸边不远的归家院。那是一栋雕梁画栋的两层木质小楼，门面不大，珠帘垂落，门前有两株开得正艳的茶花。

张溥撩珠帘进堂，那徐娘半老的老鸨，立刻一脸谄笑：“张大官人可好久没光顾别院了。”她知道，这位张大人钟情于别院头牌徐佛，于是向楼上唤徐佛的弟子杨爱（又名杨影怜），并语带歉意地告诉张溥：徐佛昨晚就被一个客官用画舫接去，尚未归院。

杨爱下楼，忙向张溥施礼，奉茶。张溥识得杨爱，上下打量一番，一年多未见，这个小丫头竟出落成花容月貌的美人，相貌举止不输徐佛。更令张溥见怪者，乃是杨爱见老鸨不呼“母”而直呼“鸨”，称其夫为“龟”，鸨竟也不怪。这个小丫头似乎不是凡尘俗物。

老鸨见张溥一见倾心，便让杨爱带其到徐佛闺房，吃茶听琴。

那张溥立从衣里摸出银两，对老鸨道：“我要带杨爱到垂虹亭我下榻的酒楼吃酒。”

杨爱只笑不语。他每次到归家院，只顾与徐佛调笑，从未理睬过她。而杨爱也只是端茶、送点心，或为徐佛递琵琶箫笛，二人亲热时，她即知趣回避。

杨爱从徐佛那里知道，张溥字天如，太仓人，崇祯四年（1631）进士，是“复社”的领袖，“复社”以“复兴古学，务为有用”相号召，应者众，规模较大。“春秋之集，衣冠盈路”，“社集之日，胥间之间，维舟六七里，平广可渡，一城出观，无不知有复社者”（《七录斋集·国表序》）。参加复社的人物，自认为是东林党的继起者。“声气通朝右，所品题甲乙，颇能为荣辱”，而执政大僚，由此恶之。因此，不断有人借故迫害，加以“乱天下”的罪名。徐佛好记忆，张溥告诉她这些话，她皆记住了。

复社为文社，有群众基础，又与政治斗争结合，在历史上少见。张溥在文学主张上，提倡复古，让古学为现实服务。他的《五人墓碑记》歌颂苏州市民与阉党的斗争，强调匹夫之死“有重于社稷”，是篇政治性很强的散文。徐佛曾为之谱曲，并拨弦弹唱。杨爱也能背诵，只是她那时年纪尚小，觉得张溥古板，少风情，无趣味，一直未与他走近。

张溥带杨爱回垂虹亭，并非只是一见倾心。他早已邀好几位当地名士，准备今晚对酒当歌，吟诗赋词，邀名妓徐佛助兴。徐佛不在，只好携回杨爱权当充数。

到了酒楼，三位当地才俊早已在那里等候，见徐佛未到，只有一个青涩小姑娘来陪酒，便有些扫兴，笑着讥讽一番。文人雅士聚会，酒与诗是少不了的。张溥有些歉意，端起酒杯自罚，然后自嘲：“‘十年一觉扬州梦，赢得青楼薄幸名。’兄弟我官场不得意，与诸友相聚，甚是惭愧。”一位年纪稍长者，也端起酒杯，吟道：“忙忙如丧家之犬，急急似漏网之鱼。”另外两位觉得这种背诗把戏无趣，还不如谈论一下时局。话题便从崇祯十年（1637）李自成农民起义的风起云涌，声势浩大，后连破麟游等七县，并威胁凤阳皇陵，谈到朝廷起用卢象升为五省总理，并督五省总督洪承畴合力围剿。接着又说道：“次年正月初四，闯军焚烧上蔡县城，又犯汝宁，再围攻凤阳，号称中都的凤阳危矣。九天后，闯军正月十五日元宵节破城，令皇上惶惶不安。百官都换上素服，向崇祯皇帝上‘慰安公疏’。消息传出，连南京城的官吏百姓都为之震动，恐慌不安。”张溥等谈论间，不时发出失意叹惋，进而沉默。

不料，被冷落的杨爱笑着，朗声发话：“大人分别咏了唐杜牧的《遣怀》、元郑廷玉之《后庭花》，以诉忧患之情。然终不如发自个人肺腑之款曲，况诸位大人皆当今名士，何不各作一诗？小女子不才，圣人面前卖《三字经》，我先抛砖引玉了。”

说罢，她取出带来的琵琶，坐在客房一侧，稍整淡粉的衣裙，固好头上玉簪，微微一笑，低眉拨弄几下琴弦，便飞出一段沉郁之音。她抬头看了一眼愁眉苦脸的四位名士，唱《寒食雨夜十绝句》前三首（后收入《戊寅草》）。

玉帘通处暗无声，春草翻为明月情。
记得停桡烟雨里，那人家住莫愁城。

唱罢，说道：“张大人雨中行舟，到别院，不见徐佛，接妾到垂虹亭。”

接着拨弦又唱：

红绡蛱雾事茫茫，不信今宵风吹长。

留后春风自憔悴，伤心人起异垂杨。

唱罢，又道：“诸位大人的心曲，皆在其中了。”

再弹唱道：

青骢石路已难看，况是烟鬟风雾寒。
爱唱新蝉帐中曲，繇来不向雨中弹。

然后起身鞠躬：“家国动荡，大人们各自珍重。”

张溥听罢惊道：“杨爱姑娘，这三首诗是你的旧作，还是即席有感而发？”

杨爱：“即兴诌了几句小诗，正是‘齐梁及陈隋，众作等蝉噪’，让诸位大人见笑了。”

张溥：“文尚典实，诗贵清空，我这里领教了。”

三位客人，皆俯身拜曰：“不让须眉，惭愧惭愧。”

夜雨依旧，伴着琵琶哀曲，几杯老酒让四位士子都有些醉态，便起身告辞，由佣人扶着换乘小舟，消失在蒙蒙春雨中。

张溥喝得最多，送客人走时，已有些蹒跚。只剩下他和杨爱时，趁酒兴，抱起杨爱，到了侧间客房，动起手脚，一番缱绻。

杨爱见其已睡，便出酒楼，唤了小舟，驶向归家院。舟中，杨爱先有些伤感，叹自己生不逢辰，干净之身，堕兹风尘；如张溥者，非我所爱，自不当以身相委；三吴之间，簪缨云集，美妓无数，膏粱纨袴，使钱买笑，形同木偶，而那才学不足却幸窃科第者，皆酒囊饭袋，唯博学好古、满腹经纶的旷世逸才，我乃从之。俗曰：有一知己，死而无憾。吾当自勉。

小小归家院，市侩俗人之聚地，能有这般高洁之志，兼备巾帼须眉之论的杨爱，为三吴人所惊叹。杨爱渐名动湖市，官宦士子纷纷以与其交往为荣焉。

后杨爱改易姓名为柳隐，大约是在崇祯九年（1636）。因有章台柳故事而易杨为柳。杨爱曾读辛弃疾《贺新郎》，有“我见青山多妩媚，料青山见我也如是”句，故称柳如是。

后柳如是移居云间，声名大噪，四方名士大贾趋之若鹜。她自造精致画舫，游弋江湖之上。每有高才名士相厮守，词翰华章，倾倒一时。与宋辕文、李存我、陈卧子三名儒交往甚密，后有巨贾汪然明宠爱，已成最当红名姬。

早在与张溥结识之前，杨爱十三岁时，便闻听松江华亭有陈子龙（字卧子），“自幼读书，不好章句，喜论当世之故”（《经世编序》），曾和夏允彝、徐孚远、王光承等结“几社”，与张溥的“复社”互为犄角。“几者，绝学有再兴之几，而得知几其神之义也。”（杜登春《社事始末》）陈子龙以兴复古学相号召，企图力挽明王朝的危机。后崇祯十一年戊寅（1638），柳如是二十一岁，出《戊寅草》诗集，得知陈子龙和徐孚远等选辑《皇明经世文编》，五百余卷，多载“议兵食，论形势”，有关“国之大计”之作，可见其用世之志，甚钦服。陈子龙这位崇祯十年（1637）的进士，曾在绍兴当过推官，乃当世著名词人，在云间被称为“绣虎”。柳如是慕之，移家与陈子龙相邻。仰慕心切，常常写帖，要求相见。那陈子龙见柳如是送来之帖自称弟子，颇不悦，故始终不见。柳如是好强的性子来了，即登门怒斥：“风尘中不辨物色，何足为天下名士？”

经此一骂，二人却成为朋友和情侣。

杨爱与陈子龙交往，最迟也应在崇祯三年庚午（1630），那年杨爱十三岁。陈子龙《玉蝴蝶·咏美人》词有“才过十三春浅，珠帘开也”句，说杨爱十三岁时便为妓女了。这与《柳如是轶事》所说“如之(是)幼养于吴江周氏，为宠姬。年最稚，明慧无比，主人常抱置膝上，教以文艺，以是为群妾忌……然性纵荡不羁，寻与周仆通……得鬻为娼”相互证。

崇祯六年癸酉(1633)，陈子龙二十六岁，在《陈李倡和集》中，有陈子龙《癸酉长安除夕》诗“去年此夕旧乡县，红妆绮袖灯前见”为证。去年乃壬申年(1632)。该年陈子龙作《柳枝词》，第四首有“妖鬟十五倚身轻”句，与杨爱十五岁相合。《生日偶成》中有“闭门投辖吾家事，与客且醉吴姬楼”。吴姬即杨爱无疑。

特别是壬申年陈子龙所赋《吴阊口号》十首，皆是写女人，陈子龙之所爱女人不少，但子龙喜杨爱，第八、九、十共三首皆为杨爱即将离苏州过松江而作。杨爱去松江佘山，是为祝陈眉公(陈继儒)七十五岁寿诞。有陈子龙赋《诗余·乳燕飞》词为证。

琼树红云漶，彩虹低，护花梢泻，腻凉香

浴。珊枕柔乡凝豆蔻，款款半推情蹙。更小语、不明深曲。解语夜舒莲是药，生憎人、梦醒皆相属。凤箫歇，停红玉。

娇莺啼破东风独。移来三起阊门柳，馆娃遗绿。栽近妆台郎记取，年年双燕来逐。云鬟沉滑藏雅足。漫折樱桃背人立，倚肩低问麝衾馥。浑不应，强他续。

词中“移来三起阊门柳，馆娃遗绿”句，正是杨爱自苏州至松江佘山为陈眉公贺寿之写实。时为崇祯五年（1632）冬，杨爱十五岁。

陈子龙此时与尚名杨影怜的柳如是是心心相印的爱侣，经常一起聚会游玩，诗词唱和。

陈子龙曾偕诸友（其中有杨影怜）到松江白龙潭一游。潭广十余顷，箫鼓画船，终岁不绝。陈子龙在潭中作《秋潭曲》，其中有“美人娇对参差风，斜抱秋心江影中”，“瑶瑟湘娥镜里声，同心夜夜巢莲子”之句。

陈子龙好友李舒章《雯所撰蓼斋集·坐中戏言分赠诸妓》诗曰：

悉茗丁香各自春，杨家小女压芳尘。
银屏叠得霓裳细，金错能书蚕纸匀。
梦落吴江秋佩冷，欢闻鸳水楚怜新。
不知条脱今谁赠，萼绿曾为同姓人。

此诗约作于崇祯六年（1633），与陈子龙《秋潭曲》同时。

据陈寅恪研究，此时约是崇祯六年癸酉（1633）秋，柳如是年十六。在此之前，杨爱与吴江故相周道登的关系很亲密，后被周家驱逐，流落松江。《真诰·运象》篇载有“赠权诗一篇，并致火浣布手巾一条，金玉条脱各一枚，条脱似指环而大，异常精好”。原注云：“此乃为杨君（杨爱）所书者，当以其同姓，亦可杨权相问，因答其事，而疏说之耳。”

后陈子龙又在杨爱馆中饮宴，作诗二首，自序曰：秋夕沉雨，偕燕又让木集杨姬馆中。是夜，姬自言愁病殊甚，而余三人者皆有微病，不能饮也。诗云：

一夜凄风到绮疏，孤灯灺灺帐还虚。
冷蛩啼雨停声后，寒蕊浮香见影初。

有药未能仙弄玉，无情何得病相如。
人间愁绪知多少，偏入秋来遣示余。

两处伤心一种怜，满城风雨妒婵娟。
已惊妖梦疑鹦鹉，莫遣离魂近杜鹃。
琥珀佩寒秋楚楚，芙蓉枕泪玉田田。
无愁情尽陈王赋，曾到西陵泣翠钿。

对病中杨爱的怜爱，对有情人的同病相怜，诸般深情皆在诗中了。而且即便世间对他们的爱情妒忌、怀恨颇多，又奈何二人心心相印。

此年，陈子龙还作有《予偕让木北行矣，离情壮怀，百端杂出，诗以志慨》：

高秋九月露为霜，翻然黄鹄双翱翔。
云途窈窕星苍茫，下有江水清淮长。
嗟予远行涉冀方，嵯峨宫阙高神乡。
朋友徘徊望河梁，美人赠我酒满觞。

欲行不行结中肠，何年解佩酬明珰。
高文陆离吐凤凰，江南群秀谁芬芳。
河干薄暮吹红裳，纫以芍药羞青棠。
何为弃此永不忘，日月逝矣心飞扬。
旌旗交横莽大荒，圣人劳劳在未央。
欲持中诚依末光，不然奋身击胡羌。
勒功金石何辉光，我其行也无彷徨，
感君意气成文章。

“美人赠我酒满觞”中的“美人”系指杨爱。诗中抒发的离行壮怀，正是陈子龙诸士子的雄心壮志。此行是陈子龙北行，应崇祯七年甲戌(1634)之会试。可惜陈子龙落第而归，心情郁闷。

送陈子龙赴京应试后，杨爱一直心中挂念，为此写下《送别》一诗，后收进《戊寅草》，其一云：

念子久无际，兼时离思侵。
不自识愁量，何期得澹心。

要语临歧发，行波托体沉。
从今互为意，结想自然深。

其二云：

大道固绵丽，郁为共一身。
言时宜不尽，别绪岂成真。
众草欣有在，高木何须因。
纷纷多远思，游侠几时论。

“要语临歧发”对应陈子龙上诗的“何年解佩酬明珰”，“游侠几时论”对应陈子龙之“不然奋身击胡羌”。

陈子龙见杨爱之《送别》，即回《录别》诗，其一：

悠悠江海间，结交在良时。
意气一相假，羽翼无乖离。
胡为有送别，徘徊临路岐。
庭前连理树，生平念华滋。
一朝去万里，芬芳终不移。

所思日遥远，形影互相悲。
出门皆兄弟，令德还故知。
我欲扬清音，世俗当告谁。
同心多异路，永为皓首期。

陈子龙以“永为皓首期”写出一生一世的等待。陈、杨这一唱一和，写出各自对对方的思念和对重逢的期待。

崇祯八年(1635)，杨爱离开与陈子龙同居的南楼，在离别之际，陈子龙用《满庭芳》词记之：

紫燕翻风，青梅带雨，共寻芳草啼痕。明知此会，不得久殷勤。约略别离时候，绿杨外，多少销魂。重提起，泪盈红袖，未说两三分。

纷纷，从去后，瘦憎玉镜，宽损罗裙。念飘零何处，烟水相闻。欲梦故人憔悴，依稀只隔楚山云。无非是，怨花伤柳，一样怕黄昏。

陈子龙写出了对杨爱的一腔真情及离别时那种依恋不舍、肝肠寸断的悲怆，自然会让深爱他的杨爱更是“剪不断，理还乱，是离愁，别是一般滋味在心头”……

陈子龙后又撰《拟别赋》，近一百四十句之长赋，写得也是缠缠绵绵，回肠荡气。赋中曰：“漫漫长道，悠悠我心”，“与子言别，怆然哀吟”，“含别绪兮孔多，欲陈辞而难写。于是揽袪徙倚，执手踟蹰”，“远与君别，各天一方”，“别何地而不愁，愁何年而能散”……这些发自肺腑的思念，几让柳如是一生都不能忘却。

即便到了崇祯十三年庚辰（1640）十二月二十六日，柳如是已住进钱牧斋所筑的“我闻室”，与钱牧斋泛舟东郊，其所赋《春日我闻室作呈牧翁》，诗中“此去柳花如梦里”“东风取次一凭阑”之句皆与陈子龙之诗有关，比如陈子龙《陈李唱和集·补成梦中新柳诗》：

春光一曲夕阳残，金缕墙东小苑寒。
十样纤眉新斗恨，三眠轶女正工欢。
无端轻薄莺窥幕，大抵风流人倚栏。
太觉多情身不定，莫将心事赠征鞍。

从诗词唱和间，可知陈子龙与杨爱交往既早且感情极深。杨爱十三岁开始与陈子龙相交，一直保持着亲密的关系。但陈子龙家贫，不能独享杨爱。

到崇祯八年乙亥（1635）春，十八岁的杨爱与陈子龙同居于松江南园，至是年夏，离陈别居再到盛泽归家院。二人虽相爱，此后却只有相思书。

多年后，杨爱更名柳如是，欲出版《戊寅草》，陈子龙闻之，慷然为之作序：

> 余览诗上自汉魏，放乎六季，下猎三唐，其间铭烟萝土之奇，湖雁芙蓉之藻，固已人人殊，而其翼虚以造景，缘情以趋质，则未尝不叹神明之均也……乃今柳子之诗，抑何其凌清而瞷远，宏达而微恣与？夫柳子非有雄妙窅丽之观，修灵浩荡之事，可以发其超旷冥搜之好者也。其所见不过草木之华，眺望亦不出百里之内，若鱼鸟之冲照，驳霞之明瑟，严花肃月之绣染，与夫凌波盘涡，轻岚昼日，蒹葭菰米，冻浦岩庵烟火之袅袅，此则柳子居山之所得者耳。然余读其诸诗，

远而恻荣枯之变，悼萧壮之势，则有曼衍漓槭之思，细而饰情于潴者蜿者，林木之芜荡，山雪之倏阻，则有寒澹高凉之趣，大都备沉雄之致，进乎华骋之作者焉……

陈子龙为《戊寅草》所作之序，还指明柳如是乃为同乡松江人：

　　迨至我地，人不逾数家，而作者或取要眇。柳子遂一起青琐之中，不谋而与我辈之诗竟深有合者，是岂非难哉？是岂非难哉？

柳如是本人坚持自己为松江人，陈子龙此处也说她是松江人。据说，松江知府方岳贡想驱逐时为“流妓”的柳如是。驱逐“流妓”，乃昔日地方名宦常行的做法。当时与柳如是十分亲密的松江名人陈子龙站出来说，柳如是虽为娼，却是松江人，免除了其被驱之危。

在诸多讨论《戊寅草》的论文中，陈子龙之评最为贴切。

杨爱与陈子龙离别之后，作为当时的名妓，除在盛泽归家院外，其寓居处所多在富人名士的名园别墅。比如崇祯七年（1634）暮春至初秋，十七岁的杨爱就曾住在嘉兴之蔼园。蔼园为张鲁生之园，位于鹤槎山西，即韩蕲王所筑烽墩之遗迹。杨爱对此地十分喜欢，她自幼雅好谈兵，曾以梁红玉自比，正好可吊古思念，感伤身世。

杨爱游嘉定，往来酬酢之人很多，程嘉燧用《朝云诗》记录此游：

买断铅红为送春，殷勤料理白头人。
蔷薇开遍东山下，芍药携将南浦津。
香泽暗霏罗袂解，歌梁声揭翠眉颦。
颠狂真被寻花恼，出饮空床动涉旬。

杨爱除住蔼园，还住过檀园，与诸老在檀园山雨楼晚宴，酣饮达旦。李元芳有《清晨独过檀园观荷》记此游：

新荷当昼便含光，要看全开及早凉。
带露爱红兼爱绿，迎风怜影亦怜香。

林深鸟宿声还寂，水涨鱼游队各忙。

“清晨”“新荷”“爱红”“爱绿”“怜影”“怜香”，皆与杨爱之名相印证。

杨爱回到云间，回到盛泽归家院，应在崇祯八年（1635）年底。

时有徐某者，得知柳如是在佘山，以三十金求一见。当目睹芳容，即语“久慕芳姿，幸得一见”。

柳如是见此，不觉一笑。杨爱多与名士大儒亲密交往唱和，以至同居别墅名园，再见此俗人，心中好笑。

徐某见柳如是笑了，立云：“一笑倾城。”

柳如是闻之大笑。徐某道：“再笑倾国。”

柳如是见此龌龊之态，怒而入船舱，问下人：“收多少金，让如此奇俗之人见我？”

徐某知金已尽，乃用剪刀剪发一缕，付下人，说：“以此充金可也。”

又有徐三公子，为文贞（名臣死后谥号，一等为“文正”，次之为“文贞”）之后代，家拥万金，挥金如土，大把奉与柳如是，求其与之交往。柳如是得厚金，用作与云间才子们游赏之费。如此累数月，云间诸君意不安，劝如是一偿徐三公子夙愿。

如是矜持一笑：“当自有期。”

又过了许久，始与徐三公子约期：“腊月三十日当来。”

到了约期，徐三公子果然欣欣而至。柳如是命画舫厨者设盛宴款之。

席间，推杯换盏，饮尽欢，柳如是曰：“吾约君除夕，意谓君不至。君果来，君诚有情人也。但节夜各家骨肉相聚，而君反宿娼家，此乃不是不近情乎？”

说罢，命仆人持灯送其归，徐三公子无奈怅而别去。

到了上元（元宵节），始与徐三公子定情。柳如是勉励其曰：“君不读书，少文气。吾与诸名士游，君侧其间，特别不雅，为什么不习武？无文雅总有英武之气。”

徐三公子认为有理，有空便骑马射箭，遂成为武才，后在搏杀中亡。柳如是怜其痴情，为其厚葬，并赋诗《剑术行》悼之：

西山狐鸟何纵横，荒陂白日啼鼯鼪。偶逢意气苍茫客，须眉惨淡坚层冰。手无风云但悍疾，挟我双骑西南行。未闻马上言龙骧，已见门前悬弓戟。拂衣欲走青珊瑚，澒洞不言言剑术。须臾树杪雷电生，玄猿赤豹侵空冥。寒锋倒景不可识，阴崖落木风悲吟。吁嗟变化须异人，时危剑器摧石骨。我徒壮气满天下，广陵白发心恻恻。视此草堂何为者，雄才大略惟愁疾。况看举袖星辰移，海童江妾来迟迟。杰如雄虺射婴茀，矫如胁鸽离云倪。萃如列精俯大壑，翕如匹练从文狸。奇鸽孤鹗眼前是，阴云老鹤徒尔为。丈夫虎步兼学道，一朝或与神灵随。独我忼忾怀此意，对之硉矹将安之。

还有一事，记于钱肇鳌《质直谈耳·七》之《柳如之(是)轶事》：

初，辕文(宋征舆)之未与柳遇也，如之约泊舟白龙潭相会。辕文早赴约，如之未起，令人传语：宋郎且勿登舟，郎果有情者，当跃入水俟之。

那痴情人果然立跳水中，时正严冬。等如是迟迟来到，见状急令篙师将其挟入画舫之床上，如是拥之入怀，如抱婴儿以体温之。从此情遂密好。

辕文与如是亲密，太夫人大怒，让儿子跪地悔过。

辕文对曰：“儿并没有花家里的钱两。”

太夫人曰：“那钱算什么！你不要我的钱，却要我的命！”

辕文对如是稍疏。没几天，如是被郡守去桌，不得游于江上。如是请辕文帮助疏通。

那天，柳如是请辕文入画舫，但见案上置古琴一张、倭刀一把，此皆辕文所熟见，如是常抚琴而歌。今柳如是上画舫便弹唱：“用力独弹杨柳恨，尽情啼破芙蓉行。月已西，星已沉，霜未息，露未倾。妾心知已乱，君思未全生。情有异，愁仍多，昔何密，今何疏。对此徒下泪，听我鸣钟歌。”

弹罢，问辕文：“郡守驱我离江，奈何？”

辕文徐应：“姑避其锋。”

柳如是听罢大怒：“别人这般说，不足为怪；君不应尔，我与君自此绝矣！”

遂举倭刀斫琴，七弦俱断，辕文惊骇而逃。

第二章

河东诗早岁耽奇

所著有《戊寅草》……

《神释堂诗话》云：

“河东诗早岁耽奇，多沦荒杂，

《戊寅》一编，

遣韵缀辞，率不可诘……

不经剪截，初不易上口也。

然每遇警策，

辄有雷电砰燿、刀剑撞击之势，

亦鬟笄之异致矣。

后来多传近体，

七言乃至独绝。”

3 崇祯十一年戊寅（1638），柳如是二十一岁。

柳如是才华横溢，傲视松江群儒。戊寅年诗集《戊寅草》由邹斯漪刻版并收在《诗媛十名家集》中。柳如是及诗作颇受士林推崇。

邹斯漪为《柳如是诗》题小引，说：“予论次闺阁诸名家诗，必以河东君为首。‘花非花，雾非雾’，不足为其轻盈也。‘玉佩来美人，朱弦弹绿绮’，不足为其和丽也。‘秋菊有佳色，兰草自然香’，不足为其芳韵也。‘楚江巫峡半云雨，清簟疏帘看弈棋’，不足为其清遥也。‘无情有恨何人见，月白霜清欲堕时’，不足为其幽怨怡怅也。盖闲情澹致，风度天然，尽洗铅华，独标素质。而日侍骚雅钜公，扬扢古今，吐纳珠玉，宜其遗众独立，令粉黛无色尔尔。岂止琉璃砚匣，终日随身，翡翠笔床，无时离手而已哉！夫令晖容华，不闻喆耦，岩卿羽仙，终成怨妇。即香山之樊素，东坡之朝云，得所依矣。然读‘春随樊素一时归’与《六如塔铭》，辄为黯然魂销。且不闻二姬当日以红香视草，素粉题笺，见重二公也。河东之遇，俪于二姬，而才貌远过焉。然则其冠冕闺阁诸名家，岂独兹集而已哉！”

这里须指出的是，邹斯漪所刻《柳如是诗》，其中诗作多是归钱谦益之后所作，实非《戊寅草》。

《神释堂诗话》云：“河东君诗早岁耽奇，多沦荒杂，《戊寅》一编，遣韵缀辞，率不可诘，最佳如《剑术行》《懊侬词》诸篇，不经剪裁，初不易上口也。然每过警策，辄有雷电砰燿、刀剑撞击之势，亦鬒笄之异致矣。后来多传近体，七言乃至独绝。若‘婉娈鱼龙问才艳，深凉烽火字珊瑚’，‘下杜昔为走马地，阿童今作斗鸡游’，‘小苑有香皆冉冉，新花无梦不蒙蒙’，‘月幌歌阑寻麈尾，风床书乱觅搔头’，‘洗罢新松看沁雪，行残旧药写来禽’，此例数联，惝恍朦胧，附以神丽，鱼薛擅能，兹奇未睹。诚如陈思所云，‘神光离合，乍阴乍阳者’也。拟古如‘台馆易嵯峨，珠玉会萧瑟’，读之尤令人悲悚。尺牍含咀英华，有六朝江鲍遗风。又云：如是尝作《男洛神赋》，不知所指为谁，其殆自矜八斗，欲作女中陈思耶？文虽总杂，题目颇新，亦足传诸好事者。”

抄录《神释堂诗话》，是让欲深识柳如是之诸君，了解其《戊寅草》的艺术成就。南宋刘过《沁园春》词曰：“人间世，算谪仙去后，谁是天才？”不敢说读了青楼小女子之《戊寅草》，便赞颂其是天才，但读罢《戊寅草》，可知其诗才不应小觑。

《戊寅草》有陈子龙作序，收诗一〇六首，词三十一阕，赋三篇。这些作品，大约是崇祯八年(1635)前之作。依据是在崇祯八年之前的那几年，柳如是与陈子龙关系最为密切。《戊寅草》所收作品，大多是与陈子龙的诗词唱和之作。如《八月十五夜》便是与陈子龙于崇祯八年中秋相会时同赋。

崇祯八年春季，江浙一带多雨。柳如是作了三首与杨柳有关的诗作：

艳阳枝下踏珠斜，别按新声杨柳花。
总有明妆谁得伴，凭多红粉不须夸。
江都细雨应难湿，南国香风好是赊。
不道相逢有离恨，春光何用向人遮。(《西河柳花》)

不见长条见短枝，止缘幽恨减芳时。
年来几度丝千尺，引得丝长易别离。

玉阶鸾镜总春吹，绣影旎迷香影迟。
忆得临风大垂手，销魂原是管相思。(《杨柳》)

轻风淡丽绣帘垂，婀娜帘开花亦随。
春草先笼红芍药，雕栏多分白棠梨。
黄鹂梦化原无晓，杜宇声消不上枝。
杨柳杨花皆可恨，相思无奈雨丝丝。(《杨花》)

杨柳多为诗人春季吟咏之树，但柳如是写杨柳，便免不了自寄身世之感，也写出了对陈子龙的思念之情。

正是在此年早春，陈子龙赋诗《寒食》七绝三首：

今年春早试罗衣，二月未尽桃花飞。
应有江南寒食路，美人芳草一行归。

垂杨小院倚花开，铃阁沉沉人未来。
不及城东年少子，春风齐上斗鸡台。

愁见鸳鸯满碧池，又将幽恨度芳时。

去年杨柳滹沱上，此日东风正别离。

柳如是《戊寅草》之《西河柳花》《杨柳》《杨花》等诗，应是对陈子龙《寒食》七绝三首的回应。

《戊寅草》中之《寒食雨夜十绝句》，是对陈子龙《寒食》的直接回应：

玉帘通处暗无声，春草翻为明月情。
记得停桡烟雨里，那人家住莫愁城。

红绡蛱雾事茫茫，不信今宵风吹长。
留得春风自憔悴，伤心人起异垂杨。

青骢石路已难看，况是烟鬟风雾寒。
爱唱新蝉帐中曲，繇来不向雨中弹。

相思鸾发梦潮收，别有雕栏深样愁。
明月为他颜色尽，止凭烟雨到长楸。

……

从上面柳如是与陈子龙的诗作看，时间相同，调同，题或亦同，用语之复、约略同，为当时酬和之作。

我们可再举例，《戊寅草》中的《南乡子·落花》：

拂断垂垂雨，伤心荡尽春风语。况是樱桃薇院也，堪悲。又有个人儿似你。

莫道无归处，点点香魂清梦里。做杀多情留不得，飞去。愿他少识相思路。

陈子龙《诗余》中的《南乡子·春闺》云：

罗袂晓寒侵，寂寂飞花雨外深。草色萋迷郎去路，沉沉，一带浮云断碧岑。

无限暗伤心，粉冷香销憎锦衾。湿透海棠浑欲睡，阴阴，枝上啼红恐不禁。

陈子龙、柳如是都作《南乡子》，曲调相同，一写落花，一写春闺；二者都是借景借物诉说二人复杂的情感，有些伤感。写作之时，可能是二人即将离别之时。

当时是崇祯八年(1635)春季，陈子龙与柳如是已同居半年，但柳如是却已萌生离开之念，非感情破裂，只因为柳如是住在陈子龙家，对其家境之清贫以及关系之复杂深有感受，无法携手一生，离开，对双方都是一种解脱。

柳如是深爱陈子龙，离别自然痛苦，她把这种伤心事，写在《江城子·忆梦》里：

梦中本是伤心路。芙蓉泪，樱桃语。满帘花片，都受人心误。遮莫今宵风雨话。要他来，来得么？

安排无限销魂事。砑红笺，青绫被。留他无计，去便随他去。算来还有许多时。人近也，愁回处。

此词应是即将离开陈子龙之时所作，其情殷殷，将踏上离别之路，乃是“伤心路”。

陈子龙不会没有感觉到柳如是即将离去，他在《江城子·病起春尽》中写道：

一帘病枕五更钟。晓云空，卷残红。无情春色，去矣几时逢。添我千行清泪也，留不住，苦匆匆。

楚宫吴苑草茸茸。恋芳丛，绕游蜂，料得来年相见画屏中。人自伤心花自笑，凭燕子，骂东风。

陈子龙又病了，“一帘病枕五更钟”。此次仍为柳如是而病。崇祯六年癸酉(1633)冬天，陈子龙到北京候会试时，受了些许风寒，但实为思念在松江的柳如是而病，《属玉堂集》中有《旅病》：

朔气感中理，玄律思春温。
安得登高台，随风归故樊。
美人步兰薄，旨酒徒盈樽。

“玄律”指冬季，“故樊”系松江，“美人”当然是十六岁的柳如是。因思念过深，乃病。

崇祯八年乙亥(1635)夏，即柳如是离去之时，陈子龙又病了。

陈子龙第三次病，在崇祯十一年（1638）七夕。因时逢七夕，感念牛郎织女忠贞的爱情故事而病。

第四次，陈子龙病，是在崇祯十四年辛巳（1641）秋，因偶知柳如是归钱牧斋而病。

当然，陈子龙除了为思念柳如是而四次病到外，还因系念众生的安危病过，比如他在督漕于嘉兴崇德之时，尽心尽职，因积劳而成疾。

从《戊寅草》的内容来看，不妨将此诗集，视为柳如是与陈子龙的爱情唱和集，自柳如是十三岁起，便深深地爱上了陈子龙，到她身归钱牧斋，其间竟长达十年，“信誓旦旦，不思其反”，“我心匪石，不可转也，我心匪席，不可卷也”，正所谓“山无陵，江水为竭，冬雷震震，夏雨雪，天地合，乃敢与君绝”。

一位青楼女子，一位政界文坛名家，有这样一段柔情似水，佳期如梦，“忍顾鹊桥归路”的爱情故事，感人至深。

离开陈子龙的南楼，柳如是移居松江，不久去了盛泽归家院。

第三章

元旦呕血，著《湖上草》

据胡文楷所编《柳如是年谱》记，

是年“元旦呕血，著《湖上草》”。

《柳如是尺牍·致汪然明书》：

“温序想清襟与和风相扇，

可胜延跃。不意元旦呕血，遂而岑岑。

至今寒热日数十次，医者亦云，较旧沉重。”

《柳如是年谱》：

“《湖上草》卷，下注‘己卯春’三字，

卷中有《赠汪然明》《赠刘晋卿》《赠陆处士》

《出关外别汪然明》

《题祁幼文寓山草堂》诸诗。”

崇祯十二年己卯(1639)，柳如是二十二岁。

《柳如是尺牍 · 致汪然明书》记:“温序想清襟与和风相扇，可胜延跃。不意元旦呕血，遂尔岑岑至今。寒热日数十次，医者亦云，较旧沉重。恐濒死者无几，只增伤悼耳！所感温慰过情，邮筒两寄。铭刻之私，非言所申。嗟乎！知己之遇，古人所难，自愧渺末，何以当此？倘芝眉得见，愁苦相劳，复何恨耶？荒迷之至，不知伦次。”

一个妓女，给一大富豪汪然明写如此亲密的信函，在当时并不奇怪。

明中期之后，经济发展较快，至晚明社会动荡、李自成等农民起义，经济开始凋敝，但江南苏杭地区，市集仍较兴旺。读书人热衷仕途，积极科举，但入仕者必定是少数，有才学而落第者越来越多。凡不愿失掉文人风雅和社会地位的读书人，则另辟蹊径，以自己的才学显于世，于是社会上就出现了一批隐士、山人、名儒，混迹于文苑、官场、士林，或帮闲，或打秋风，甚至名利双收。这些晚明儒生，对愈演愈烈的党争、愈来愈坏的时局充满忧虑，大多数玩世不恭、放浪形骸，在那个特殊时代，营造了一种独特的世纪末狂欢的风景。诚如《四库全书总目》别集类存目七《赵宧光牒草》载："有明中叶以后，山人墨客，标榜成风。稍能书画诗文者，下则厕食客之班，上则饰隐君之号，借士大夫为利，士大夫亦借以为名。"自嘉靖朝至万历朝，士大夫群体逐渐鱼龙混杂，之后更是泥沙俱下。

然明，乃汪汝谦之字，徽州巨贾，好读书，诗文皆佳，有多部诗集出版，且又擅书画鉴藏；好交际，结交当时各方名士达人，人称"贾而好儒""风雅典型"。

汪然明喜交游，遂斥巨资，造了几艘"宏丽特甚"的豪华画舫，名曰"不系园"，邀名人雅士宴聚，切磋诗画。每有名流相聚于画舫，必选名妓，诗词唱和，琵琶管弦，通宵达旦，故声名鹊起，人称"湖山主人"。当时大儒如钱谦益、陈继儒、董其昌、吴伟业、李渔、张岱等经常光顾画舫，交流切磋。

晚明黄汝亨，有《新安汪翁赞像》以极其简约的笔墨为其画像："面满月，髯若林，醉五斗，散万金。"

钱谦益以“热肠侠骨，囊括一世之志气”褒其人格。

李渔在传奇《意中缘》和《亡姬陶楚生传》中，以汪然明为原型，塑造了一个黄衫客的侠义形象，故汪然明得“黄衫客”雅号，享誉文苑江湖。

汪然明一生特别关注一个特殊的群体：名妓。凡与汪然明交游的江南名妓，都获得其人格尊重，凡落难患病、老无所依的青楼才妓，有求帮助者，汪然明皆慷慨相助。如名妓杨云友，因父早逝，堕入青楼，其诗画琴棋皆不同凡响。但因遭受风尘摧残，不满二十岁便逝去。汪然明悯其无人治丧，即刻出资购地将其葬于西子湖畔，并为其筑梅花亭“云龛”。

汪然明对妓女群体的无私帮助，使其在晚明的江南获得“妇女之友”之名。

汪然明对才妓之翘楚柳如是自然也爱护备至。柳如是对“热肠侠骨”的汪然明更是仰望尊重。

柳如是在病中与汪然明相交，最迟也应在崇祯十一年戊寅(1638)。那一年柳如是的踪迹已写进汪然明的《春星堂集》卷三《游草》中，诗序言中有“余久出游，柳如是校书过访，舟泊关津而返，赋此致怀”之语。诗如下：

浪游留滞邈湖山，有客过从我未还。
不向西泠问松柏，遽怀南浦出郊关。
两峰已待行云久，一水何辞拾翠悭。
犹疑春风艳桃柳，拏舟延伫迟花间。

另一首《无题》云：

明妆忆昨艳湖滨，一片波光欲荡人。
罗绮丛中传锦字，笙哥座上度芳辰。
老奴愧我非温峤，美女疑君是洛神。
欲访仙源违咫尺，几湾柳色隔香尘。

显然，柳如是的行迹皆记在诗里。此时为崇祯十一年戊寅（1638）八月，汪然明出游，约两个月后归西湖。柳如是也曾于此年秋游西湖。

《无题》中，藏有柳如是姓名，足见是为柳如是而作。

柳如是《戊寅草》集中有《答汪然明》，可认定是对汪然明诗的回应，诗云：

微雰独领更幽姿，袖里琅玕今尚持。
天下清晖言仲举，平原高会有当时。
因思木影苍林直，为觉西泠绣羽迟。
便晓故园星剑在，兰皋秋荻已荒靡。

此诗是与汪然明相识后的第一首诗。此诗写出了柳如是对汪然明尚侠高风之仰慕。钱牧斋后来说，此诗“语特庄雅”，显然是对汪然明诗中“老奴愧我非温峤，美女疑君是洛神”，为戏谑不正经之意。

《柳如是尺牍》，既然是柳如是写给汪然明的情书，却偏偏由汪然明刊印，这就留下许多闲话，我们先看看柳如是给汪然明的最后一封信：

尺素之至，甚感相存。知虞山别后，已过夷门，延津之合，岂漫然耶？此翁气谊，诚如来教。重以盛心，引睇明恺。顾惭菲薄，何以自竭。唯有什袭斯言，与怀俱永耳。武夷之游，闻在旦夕。杂佩之义，于心阙然。当俟

> 越橐云归，或相贺于虞山也。应答小言，已分嗤弃，何悟见赏通人，使之成帙。非先生意深，应不及此。特有远投，更须数本，得飞桨见贻为感！非渺诸惠，谢谢。四箑草完，不尽。

此“武夷之游”开始于崇祯十四年辛巳(1641)暮春，乃指汪然明赴闽访林天素之行。其后汪然未能偕林天素返回西湖，空劳而返，柳如是心归钱牧斋，故柳如是对汪然明之情也便断绝了。回顾柳如是《赠汪然明》时的情意缠绵，令人叹息。

柳如是在己卯年(1639)病中著诗集《湖上草》，其中有《赠汪然明》诗：

> 禹台紫气郁相望，长者高名动四方。
> 白首云霄羊陟誉，黄金湖海尉佗装。
> 春风北地樽应满，夜月西京赋自长。
> 论到信陵还太息，中原龙卧有谁当。

《湖上草》另有一首《出关外别汪然明》：

游子天涯感塞鸿，故人相别又江枫。
潮声夜上吴城阔，海色暗连越嶂空。
壁垒烟销生日月，菰蒲日落起雄风。
谁怜把酒悲歌意，非复桃花潭水同。

前诗颂汪然明之名声崇高，可与辕文诸公相提并论，说明柳如是深敬汪然明。后诗写送别，有沧桑悲壮之豪气。

己卯年(1639)，柳如是的书信结集《柳如是尺牍》，和《湖上草》一起刻印。有趣的是，这一书信集的全部三十一封信，皆是写给汪然明一个人的，“琅琅数千言，艳过六朝，情深班蔡，人多奇之”(《柳如是尺牍·小引》)。《柳如是尺牍》实乃一束情书矣，足见柳如是与汪然明的感情非同一般。

请读第一封信：

湖上直是武陵溪，此直是桂栋药房矣。非先生用意之深，不止于此。感甚！感甚！

寄怀之同，乃梦寐有素耳。古人云：“千里犹比邻。”殆不虚也。廿八之订，一如台命。

信上说的桂栋药房，是汪然明湖庄的别墅。当时名士都喜欢在湖边修建园林，用以消闲，招待客人，将柳如是安顿在这幽静的别墅里，汪、柳独处，关系亲切。

第二封信：

早来佳丽若此，又读先生大章，觉五夜风雨凄然者，正不关风物也。羁红恨碧，使人益不胜情耳。少顷，当成一诗呈教。明日欲借尊舫，一向西泠两峰。余俱心感。

写此信时应是春深时节，文辞婉转，却颇有分寸地表达了深情。画舫游西子后，便有《湖上草》第一首诗《雨中游断桥》：

野桥丹阁总通烟，春气虚无花影前。
北浦问谁芳草后，西泠应有恨情边。

看桃子夜论鹦鹉，折柳孤亭忆杜鹃。

神女生涯倘是梦，何妨风雨照婵娟。

第三封信：

泣蕙草之飘零，怜佳人之埋暮，自非绵丽之笔，恐不能与于此。然以云友之才，先生之侠，使我辈即极无文，亦不可不作。容俟一荒山烟雨之中，直当以痛哭成之可耳。

信中提及的“云友”，乃杨云友，是当时与柳如是齐名的歌姬，工诗画，传有“杨云友三嫁董其昌”。柳如是与杨云友同流于风尘中，当彼此相识。时风月场中，名妓间的交往，称“平帕交”。相交相携，共同生存，是她们的处世之道。柳如是在信中有“云友之才，先生之侠”句，道出杨与汪的特殊关系。

第四封信：

接教并诸台贶，始知昨宵春去矣。天涯

> 荡子，关心殊甚。紫燕香泥，落花犹重。未知尚有殷勤启金屋者否？感甚！感甚！刘晋翁云宵之谊，使人一往情深，应是江郎所谓神交者耳。某翁愿作交甫，正恐弟仍是濯缨人耳。一笑！

汪然明将柳如是请到湖畔的豪华别墅，日日宴饮，对酒当歌，夜夜缱绻。阔绰的主人另有丰厚的礼物奉送，重金馈赠。柳如是便写此信，表达谢忱，巧妙、得体。信中提到刘晋翁，还有“愿作交甫”的某翁，应也是名流，有意请柳如是相伴，但都被柳如是婉意回绝，这不仅表现出柳如是重情义的性格，也展现了她的交际手腕。从此信中，我们可以窥见明末青楼繁荣的畸形景象。

本章开篇《致汪然明书》，乃是《柳如是尺牍》的第十八封信，也是柳如是离开汪然明别墅的最后一封信。

柳如是作为一个靠卖笑依附富人生存的妓女，在风月场中，哪里对客人都是真实情感？当士子巨贾真的对她以友人身份平等相待，那实在是幸运的，她会以自己的真情回馈他们。世情险恶，风尘中更有污浊，她不得不用智慧和手段保护自己。对于富贾名流汪然明，经过职业的识别和灵魂的碰撞，柳如是才与他建立起了比较干净单纯的朋友关系。汪然明待之以友的真情，让这个饱尝人间辛酸的可怜的青楼女子动了心，动了情。

但她很清醒，她在给汪然明的信中所表达的伤感，正是她不敢把全部情感奉献出来的悲哀。人家有妻室，有地位，并无要娶自己的点滴表示，不逢场作戏已难能可贵。为了报答，她的信也从不伪装自己的情，那“落月屋梁，疑照颜色”“燕居有怀，得无相念”，都是发自肺腑的情感。

当然，汪然明与柳如是之交，也非只图床第之欢，情是有的，风雅之士的趣也是有的。诚如为《柳如是尺牍》作小引的林雪说得清楚：“余昔寄迹西湖，每见然明拾翠芳堤，偎红画舫，徉徜山水间，俨黄衫豪客。时唱和有女史纤郎，人多艳之。再十年，余归三山，然明寄睐画卷，知西泠结伴，有画中人杨云友，人多妒之。今复出怀中一瓣香，以柳如是尺牍寄余索叙。琅琅数千言，艳过六朝，情深班蔡，人多奇之。然明神情不倦，处禅室以致散花，行江皋而逢解珮。再十年，继三诗画史而出者，又不知为何人。总添入西湖一段佳话，余且幸附名千载云。”此序应汪然明之请，写于翠雨阁。

悉心揣摩，林雪之小引，看似对汪、柳之交充满艳羡，行文也雅丽，但小引对汪然明之虚伪之自私之放荡，也予以讥讽贬斥。《柳如是尺牍》系写给汪然明的一束情书，表达一个风尘女子受到宠爱后的真情。书信原本是一种私密的交流方式，是两人的悄悄话。而汪然明竟将之刻版，广为流布，且请士林名人作小引，此对柳如是为不尊重。其二，小引历数汪然明在风尘烟花里的放荡，将众美妓拥怀亲热，朝三暮四，轻薄不休。其三，“继三诗画史而出者，又不知为何人”，提醒柳如是切莫沉迷其人，勿用情太专。

与林雪所见不同者不少。《柳如是尺牍》前有林雪小引，后有林云凤跋，跋云：汪然明以《柳如是尺牍》并《湖上草》见贻，口占二绝：汪郎元是有情痴，一卷投来湖上诗。脱尽红闺脂粉气，吟成先吊岳王祠。谪来天上好居楼，词翰堪当女状头。三十一篇新尺牍，篇篇蕴藉更风流。甲申冬日，仙山渔人林云凤题于槜李归舟。

二绝只唱汪、柳风雅，一个系“情痴”，一个为词翰

“女状头”。

清末王国维读了《湖上草》后，大赞柳如是的文思诗才，更为她诗中的豪侠气概而激动，旋即提笔赋诗三首。

羊公谢傅衣冠有，道广性峻风尘稀。
纤郎名字吾能意，合是广陵王草衣。

华亭非无桑下恋，海虞初有蜡展踪。
汪伦老矣风情在，出处商量最恼公。

幅巾道服自权奇，兄弟相呼竟不疑。
莫怪女儿太唐突，蓟门朝士几须眉！

王国维是在庚申年（1920）夏季题此三诗的。诗中的“纤郎”，即后归许霞城的名妓王修微。前面说过柳如是少时在盛泽归家院妓家结识了大儒陈眉公，后到禾中（嘉兴）识得复社党魁张溥（张天如），后移居湖上，与汪然明交好，同时，她还与冯云将、祁彪佳等名流亲热。柳如是既入娼门，又是富有才华风流放诞之人，为生存为享乐结交士林巨贾，不足为奇。柳如是锦心绣口，诗词尺牍清丽雅致，为人也落落大方，毫不矫揉造作，风流才子甘拜其石榴裙下。柳如是再写些香艳诗文，记录与之交好之情，各取所需，实属正常。自柳如是《戊寅草》《湖上草》《尺牍》问世，刊刻印行，博得士林好评如潮，但真从诗文中考索总结，读出她心中的苦楚委屈者并不多。为此，柳如是才在茫茫人海中苦苦寻觅知音……

谁想到，柳如是情归钱牧斋，其主要牵红线者，竟然是汪然明。

崇祯十一年（1638）二月，钱牧斋到杭州，汪然明与之共游西湖。牧斋之前对柳如是的诗文印象极深，就请汪然明引线撮合，汪然明将柳如是的真实情况告诉了钱牧斋，钱始下决心追求柳如是。徐树敏、钱岳所选《众香词·书集·云队》中有《柳如是传》，曰“虞山见而异之，得汪然明言其详”。

以汪然明的身份和人品来介绍柳如是的情况，钱牧斋深信不疑。故连陈寅恪在《柳如是别传》中也有这样的话：“钱、柳因缘之完成，然明为最有力之人。”这位“黄衫客”促成了明末清初一位庙堂尚书、文坛首领与一位美丽又多才、多义、多情的名妓的姻缘，也真可名载史册了。

第四章

扁舟访宗伯，寒夕文宴

胡文楷《柳如是年谱》载：

“冬访钱牧斋，居我闻室度岁。”

顾苓《河东君小传》：

“崇祯庚辰（1640）冬，扁舟访宗伯。

幅巾弓鞋，著男子服。口便给，神情洒落，有林下风。”

牧斋《有学集》有《寒夕文宴，再叠前韵，

是日我闻室落成》记“寒夕文宴”事。

崇祯十三年庚辰(1640)，柳如是二十三岁。

是年秋，江南桂子飘香，在汪然明别墅养好病的柳如是，就要与主人作别了。

在养病期间，汪然明为防世人说闲话，把夫人介绍给她。二人有缘，一见如故，经常秉烛夜谈，度过寂寥长夜。

分手前，汪夫人拉着柳如是的纤纤细手，问她：“你打算去哪里？”

柳如是稍稍迟疑，便说：“我原有几个旧约，尚未定下去哪里。”

汪夫人是个精明人，她知道汪然明虽钟情于柳如是，是一时欢爱，却定不会长期与柳如是厮混，士林人把名声看得很重。都是女人，汪夫人并不憎恨柳如是，反而有些怜惜柳如是。她关切地问：“柳姑娘，你四处漂泊，没想着找个归宿？”

柳如是脆弱的心，一下子被触动了，她爱过陈子龙、汪然明，但这种犹如朝露般的欢爱，对方并没有与她“携子之手与子偕老”的勇气，她沉默了，低下头。

汪夫人曾试探过夫婿，何不纳柳如是为妾。夫人明事理，像汪然明这样的身份和家财万贯的实力，娶几个姬妾很正常。但汪然明听罢，总是淡然一笑。

其实，汪然明自然了解柳如是对他的这份痴情，但当初她追求陈子龙，其情同样热烈、真情。烟花女子，不逢场作戏，敢恨敢爱，已是惊世骇俗了，但若让她从一而终，只是传奇罢了。

临行前，见柳如是孑然一身，汪然明夫人赠给她一个叫秋菊的小丫鬟。十三岁的小女孩灵秀懂事，柳如是养病间，一直由她侍候，很招人喜欢。

乘小舟告别汪宅后，如是写了一封信给汪然明（后收入《柳如是尺牍》）：

鹃声雨梦，遂若与先生为隔世游矣。至归途黯瑟，惟有轻浪萍花与断魂杨柳耳。回想先生种种深情，应如铜台高揭，汉水西流，岂止桃花千尺也？但离别微茫，非若麻姑方平，则为刘阮重来耳。秋间之约，尚怀渺渺，所望于先生维持之矣。便羽即当续及。昔人相思字，每付之断鸿声里。弟于先生亦正如是，书次惘然。

谁能说柳如是此时的深情厚谊，不是专属于那汪然明的呢？然汪然明很清醒：此份痴情岂会天长地久？那情来得快而烈，但去得也绝情。

到了冬天，南方有些湿寒，柳如是带着秋菊乘扁舟到虞山访钱谦益。

柳如是混迹名流中，多次听到钱谦益大名，皆云钱是江南儒林之魁首。钱谦益字受之，号牧斋，常熟人。明末万历三十八年(1610)进士，授编修。崇祯元年(1628)为礼部尚书，曾讲学东林，成为东林领袖。精文博学，工辞章，谙悉朝廷典故，尤长于诗，以诗久负盛名，主盟江南文坛数十年，与吴伟业、龚鼎孳并称为“江左三大家”。家有绛云楼，藏书宏富。柳如是早有拜访之意。

坐在扁舟中，有红泥小火炉相伴，品茶遐想。在汪然明别墅养病时，汪然明曾提起过钱牧斋。那时柳如是画了一幅水墨长卷《西泠采菊》，并题了一首《咏晚菊》：

感尔多霜气，辞秋遂晚名。
梅冰悬叶易，篱雪洒枝轻。
九畹供玄客，长年见石英。
谁人问摇落，自起近丹经。

柳如是以寒菊自比，高洁而冷傲，但敌不过寒秋的凛冽，有菊花归何处的诘问。

汪然明读后，有些怜惜柳如是：二十三岁，青春不多，韶华渐逝，归宿又不知在何处。那霜气似落在自己的心头，他有些伤感。

一次汪然明陪柳如是游嘉定，被当地一名宿请去喝茶，便有了下面这段对话。

老翁："女学士在云间出道有几年了，才学容仪力压群芳，为各界名流所崇爱。今女学士芳龄二十出头了，可考虑归宿？"

如是面色凄然："弟子早就宁愿流浪乞食，也不愿再在红尘中混下去了。”

老翁叹息：“那是否已有心仪佳婿？”

如是沉默良久：“弟子身边污浊，但不愿委屈自己，若遇才学如钱学士者，即从之。”

老翁一拍腿：“你若早些时辰到嘉兴就好了，当今文坛耆宿钱牧斋公，早晨方乘画舫离去。”

柳如是与汪然明的小船抵嘉兴码头时，确实见一大画舫徐徐离去，就问：“莫非就是站在画舫前头那位白面浓眉、天庭宽阔的长者？”那长者的风雅仪态，给她留下深刻印象。

老翁：“正是，正是，老朽正是送走此公，才接汪大人和你上岸的。”说罢回身从书案上拿起一纸诗笺，送到她手里：“此乃钱公抄录你《戊寅草》中的《杨花》，说女学士乃才女也。”

柳如是捧诗笺细读：

轻风淡丽绣帘垂，婀娜帘开花亦随。
春草先笼红芍药，雕栏多分白棠梨。
黄鹂梦化原无晓，杜宇声消不上枝。

杨柳杨花皆可恨，相思无奈雨丝丝。

当柳如是读到落款处，见有“闻听柳君有‘非才学不如钱某不嫁’，吾曰‘非才不如柳君不娶’。钱牧斋”。

如是大惑不解，并有些羞臊，此话怎么就传到钱公耳里了呢？自己说此话，不过是对才学的向往，对钱公人品的钦羡。自己在红尘中流离，毁誉参半，怎敢有如此妄想！

柳如是放下诗笺，脸上发烧，忙对老翁道：“让老爹见笑了。”

扁舟在冬季的冷风中，逆江而行。阳光还好，射进舱内，柳如是已收回追忆，静静地遥望河畔的青山田畴。

“客官，”船家对舱内的柳如是说，“上虞就要到了。”

到岸，柳如是雇了一乘蓝色小轿造访钱谦益。小轿在钱宅门前停下，如是让秋菊拿着柳是名帖，投送门僮。不久，门僮便返回说：“老爷没空，请回吧。”因慕名来访东林党魁的人很多，钱牧斋只问：“来者何人？”门僮答道：“下轿的是一少年公子，送帖者是一小侍女。”钱牧斋将手挥了挥，表示不见。

柳如是见此状，愤然说：“果然是高门官宦，如此傲慢待客。”转身即乘轿而去。

钱牧斋听门僮回禀，说少年公子已去。此刻钱牧斋看完了一封友人的长信，便又顺手拿起客人投递的名帖，上面写着“柳是”。于是又问门僮，来客是男是女，门僮还说是“少年公子”。牧斋疑惑，莫非……于是命仆人抬小轿，一路小跑到码头，只见一位公子带个侍女正要登扁舟。钱牧斋忙唤住这位少年公子，等其一回身，只见那公子身着浅灰色长衫，头戴灰色方巾，足蹬一双灰色弓鞋，身材窈窕，面若桃花，神情潇洒，有林下之风。牧斋知面前之人就是名动三吴的杨爱，有些窘迫，忙道：“失敬，失敬！柳儒士，怠慢了！”

然后三人乘小轿，不多时回到钱宅。二人步于庭院，牧斋笑对柳如是说：“谓天下风流佳丽，独王修微、杨宛叔与君，鼎足而三，何可使许霞城、茅止生专国士名姝之目？”柳如是见被人称“诗如李杜”的钱牧斋，风神高雅，心中暗喜。

在奴仆簇拥引导下，钱牧斋将男装的柳如是让进书斋。

钱牧斋的书房名“半野堂”，比汪然明的书房要大许多，藏书甚丰。宾主分坐小桌两侧，一个俊俏的丫鬟端上香茶，含笑而退。柳如是轻轻掀开茶杯盖子，一股淡香扑鼻而来。

钱牧斋也轻掀茶杯盖子，然后对柳如是说：“此茶产在香山天都峰悬崖之上，名‘云里珠’，乃稀罕之物。”

那个俊俏的小丫鬟，又端着漆盒进来，里面是精致的茶点。柳如是久在应酬场合，什么小点心都品尝过，独钱家的小荷叶糕软糯香甜。那小丫鬟在钱牧斋身侧候着，呆呆地看着眼前这位英俊的少年郎和小侍女。钱牧斋见状，笑着对小丫鬟说：“阿香，这般看着公子，失礼了。”

柳如是笑着看了眼十分俏丽的阿香。

阿香立刻羞红了脸颊。

钱牧斋站起身：“请公子看看我的藏书。”然后来到后面，走进一幢三间的大房间，屋里除窗之外，四周皆是金丝楠木书柜，散发着浓郁的沉香味道。柳如是在一书柜上，发现钱牧斋编纂的《明史稿》《列朝诗集》等多部书籍。她小心搬下一摞包有蓝绸套封的书，取出一本《列朝诗集》，轻轻抽出牙签。钱牧斋忙命阿香搬过一张红木小椅，请柳如是坐。阿香躬身放椅之际，闻到“公子”身上有一股奇香，观那秀耳上，竟有耳朵眼儿，心里便明白了，她返身又给老爷搬来一椅，便退身走了。

二人从《列朝诗集》谈起。钱牧斋谈到历代诗家或文人，几乎都经历过巨大的事变，因而其诗作从肺腑中出，常常表现社会的动乱、百姓的疾苦、文人爱国悯民的情感。

他俩海阔天空地漫谈诗文，又委婉地说出各自的生平抱负，甚至连自己的遭遇都说了。钱牧斋感慨地说：“老夫空有一腔安邦济世之热血，却遭奸人暗算，正所谓‘青松在东园，众草没其姿’，‘大道如青天，独我不得出’，只好隐居故里，读书著作，寂寞度残生。”

柳如是听罢，道：“先生如李贺诗所云‘请君暂上凌烟阁，若个书生万户侯’啊。”接着便说了自己的凄凉身世，然后叹息一声：“众口铄金，积毁销骨！”

钱牧斋自叹道：“‘遍地关山行不得，为谁辛苦尽情啼。’我们各自珍重吧。”

那柳如是似有所想，命秋菊向阿香讨纸砚笔墨。阿香道:“那边书案上，文房四宝皆具。”

于是柳如是移步书案，铺好一张宣纸，提笔写道：庚辰仲冬，访牧翁于半野堂，奉赠长句。

声名真似汉扶风，妙理玄规更不同。
一室香茶开澹黯，千行墨妙破冥濛。
竺西瓶拂因缘在，江左风流物论雄。
今日沾沾诚御李，东山葱岭莫辞从。

牧斋读罢，朗声道:“好诗，好诗！遣词庄雅，用典贴切，有大唐遗韵！”

牧斋心里暗惊，柳如是竟把自己刚发的那些牢骚写进了诗里，并巧妙将天启四年(1624)魏忠贤阉党指控东林党魁而自己被削籍，及崇祯二年(1629)因会推阁臣而获罪罢归的遭际含蓄入诗，还将他喻为风流宰相谢安，而把她自己比作捧瓶持拂供奉菩萨的仙女，这小女子的才气胸襟之大，真是不让须眉。

当然，柳如是此诗所表达的苦苦寻觅知音、终于遇到钱牧斋的希冀，他怎么会读不出来呢？他的激情也迸发出来，接过柳如是的笔，在她的诗后写道：柳如是过访山堂，枉诗见赠，语特庄雅，辄次来韵奉答。

文君放诞想流风，脸际眉间讶许同。
枉自梦刀肩燕婉，还将抟土问鸿濛。
沾花文室何曾染？折柳章台也自雄。
但似王昌消息好，履箱擎了便相从。

钱牧斋写，柳如是读，从诗中，她自然读出牧斋以文君的美貌、风雅，薛涛的才学、见识来比喻她，诗中对她的爱慕如同泉流喷薄而出，尤其让她得意的是，牧斋道出了这人世间只有他才配得上她。

那日，仲冬的风，有些凛冽，但书斋里的红泥小炉，让这里温暖如春。柳如是很畅快。临别时，二人相约到尚湖泛舟赏月。柳如是回扁舟过夜。

虞山之西有尚湖，景色宜人。牧斋将自家的画舫收拾一新，备好火炉和韶兴黄酒，驶到湖边去接柳如是。

柳如是已脱去男服，换成淡紫色衣裙，肩披雪白毛披肩，乌发高绾，插一朵茶花，俏丽端庄。除两个撑船摇桨的人，及随侍的阿香秋菊，便只有钱、柳了。

尚湖的冬日，碧水如镜，加以山水拱卫，处处泉石，常吸引诗人骚客前来赏游。相传姜子牙曾在此垂钓，故称尚湖。

钱牧斋已让阿香在火炉上温了韶兴黄酒，钱、柳开始小酌。

钱牧斋指着湖桥和齐女墓说："史书上记载，大痴道人喜月夜从西廊门出，独游尚湖，沿西山脚下，抵达湖桥，以绳系于舟尾，再回舟，停棹于齐女墓，牵绳取瓶，不意绳断瓶失，然后击掌大笑，声振山谷。夜泊游渔家听到笑声，诉于人曰：'听到神仙笑！'"

柳如是听完传说，立洒杯中酒于湖："此酒献大痴道人！"

画舫缓行，钱牧斋从阿香手中接过酒壶给柳如是斟酒，曰："老夫久闻柳儒士善弹古琴，琴声如仙乐，可招来黄鹂、山雀，引来游鱼。能否将仙乐献给大痴道人，老夫也饱耳福乎？"

那阿香便将古琴搬到条案上。柳如是看了一眼，脸上竟罩起一层浮云，说："牧翁，难道你不知我早已当辕文之面，持刀斫琴，七弦俱断，从此再不抚琴？”

牧斋手捻胡须道：“王勃有诗曰：‘事有切而未能忘，情有深而未能遣’，柳儒士何必为旧人伤怀？‘乐非独以自乐也，又以乐人’，君可弹一曲悦人又可乐己，何不为？”

柳如是道：“只是生疏了。”于是，她让阿香拿过银甲，套上纤纤秀指，略加调试，便弹奏起来。钱牧斋听出来，是金明池的调子。有些淡淡的忧伤和迟暮的苦闷，还有灵魂的挣扎，如此艳丽的美人，内心竟是如此的复杂。

曲调戛然而止，柳如是道：“牧翁，旧琴弦虽已斫断，往事却不堪回首。”

牧斋略有沉思，然后让阿香备好笔墨纸砚，在宣纸上挥笔写道：冬日同如是泛舟有赠。

冰心玉色正含愁，寒日多情照柂楼。
万里何当乘小艇，五湖已许办扁舟。
每临青镜憎红粉，莫为朱颜叹白头。
苦爱赤阑桥畔柳，探春仍放旧风流。

柳如是吟罢，心头一惊，牧斋已知她仍心系旧人，不但不妒忌，反而如此宽宏大度，依然率直地表达他对自己的深情，此为男子气度，让她感动，遂也在此诗后，写了“(河东君)次韵奉答”。

谁家乐府唱无愁，望断浮云西北楼。
汉珮敢同神女赠，越歌聊感鄂君舟。
春前柳欲窥青眼，雪里山应想白头。
莫为卢家怨银汉，年年河水向东流。

柳如是开篇便以无愁天子暗喻当今崇祯帝为亡国之君，视钱牧斋为朝廷贤臣，接着借用《韩诗薛君章句》中的典故，把自己比作神女，把钱牧斋当成鄂君。这让钱牧斋叹服不已，喜不自禁。

牧斋捧着诗稿，一脸惊喜地对柳如是道：“骆宾王云‘响必应之于同声，道固从之于同类’。老朽一生寻觅，终于遇到知音。”

柳如是深情地望着钱牧斋：“如是若不慕牧翁的人品才华，怎么会有半野堂之行？”

日暮时分，画舫回到起锚处，柳如是整理好衣裙，准备下画舫，回到雇来的那叶扁舟。这几天，她和秋菊一直夜宿此舟。

钱牧斋拉住柳如是的玉手：“老夫不愿柳儒士继续住小舟，冬季夜寒，又不方便，随老夫到半野堂去住吧。”

柳如是一怔，钱牧斋的用意清楚，而自己却未考虑成熟。与陈子龙、汪然明那情谊背后的尴尬，已让她彻骨寒心。随牧斋到半野堂，算是文友还是娼妓？即便不求名分，钱府的妻妾怎么会容得下她？

柳如是微微一笑：“扁舟虽小，却也习惯了，请牧翁自便吧。”

牧斋有些着急：“柳儒士路途遥远，来虞山访老夫，便是座上宾。作为主人，将客人冷落在一叶小舟里，让老夫如何面对士林？”

见柳如是坚持不与他同回半野堂，牧斋怅然而去。

扁舟在湖畔又停了十天。每日清晨钱牧斋便领两乘蓝呢小轿，将柳如是主婢迎到半野堂。然后或出游或对诗或弹唱，看似倒不寂寞。但柳如是的心里，却感到怅然。她千里投奔钱牧斋，并非再上演一出与陈子龙、汪然明昙花一现般的恋爱好戏，然后再孑然一身退出爱恋之巢。这样的戏折，她已厌倦了。但钱牧斋虽一腔怜爱，却迟迟没有实质性的作为，让她想起《春秋谷梁传·庄公三十二年》里那句“讳莫如深，深则隐”来，心中忐忑。

谁料，第十天，钱牧斋拉起柳如是的手，一起散步赏茶花，隔着大花园，在半野堂对面突现一栋精巧似画舫的砖木阁楼，被奇花异草簇拥着。

牧斋见如是一脸茫然，笑道：“柳儒士，老夫用了十天，请能工巧匠，为你建了一栋房舍，请柳儒士命名。”

柳如是由茫然到惊喜：“好别致的一处小别墅，名‘隐庐’如何？”

牧斋一脸得意：“俗！我想了个好名‘我闻室’，取自佛典《金刚经》‘如是我闻’。将柳儒士之名与它联了起来。”

柳如是击掌而叹：“妙哉！妙哉！如是就乃我闻居士了。”

自此，柳如是带着秋菊，就从扁舟搬到了我闻室。

据王应奎《柳南随笔》载，建好我闻室后，“一日，(宗伯)坐室中，目注如是。如是问曰：‘公胡我爱？’曰：‘爱汝之黑者发而白者面耳。然则汝胡爱我？’柳曰：‘即爱公之白者发而黑者面也’。侍婢皆为匿笑。”

钱牧斋又喜又愁。喜的是，柳如是接受了自己的馈赠；愁的是，对于自己的求婚，柳如是至今不予作答。他知道，柳如是一直放不下陈子龙。因多次谈话，她总是提起陈子龙。

一日，三人游了齐女石，柳如是不经意又说起陈子龙，钱牧斋写了一首诗：

芳颜淑景思漫漫，南国何人更倚阑？
已借铅华催曙色，更裁红碧助春盘。
早梅半面留残腊，新柳全身耐晓寒。
从此风光长九十，莫将花月等闲看。

写罢，悄悄放在她的梳妆台上。柳如是发现此诗，知是钱牧斋在暗劝她：眼前风物要珍惜，往事可以随风而去。

柳如是心情复杂，长叹一声。

我闻室落成，诸亲好友闻说后纷纷到访。程嘉燧、黄宗羲、瞿式耜、顾苓等门生，齐聚我闻室。钱牧斋向他们引荐柳如是，柳如是与这些人有的是旧识，有的则是初见。众人见柳如是益加妩媚，又添了些端庄意气，对其赞美有加。

诸东林文胆，一边品茶，一边谈论当朝局势。

崇祯采纳杨嗣昌提出的“安内必先于攘外”的方针，安内剿抚并用，招抚张献忠、罗汝才等部，全歼李自成部。但北方清军继续南下。前一年(1639)，清军攻陷济南，德王被俘。朝廷合兵十八万，由总督孙传庭统领向济南挺进，清军无心恋战，抢掠之后，向天津、丰润撤退，三月，从青山口出长城全部北归。这场战争震惊朝野，明军不敢正面抗清，坐误战机。五月，张献忠在谷城发动袭击，摧毁城池，抢劫仓库，释放囚犯，重新高举反明大旗，崇祯下令革去招抚张献忠的熊文灿官职。八月，崇祯派杨嗣昌代熊文灿督师。九月，崇祯亲执酒器为杨嗣昌酌酒，亲笔写七言诗，并说：“辅臣督师，事不常有，今写数字赐卿。”杨嗣昌跪地接过，朗声道：“盐梅今暂作干城，上将威严细柳营。一扫寇氛从此靖，还期教养遂民生。”

诸人谈到此处，为皇上“用武则先威，用文则先德”

而感激涕零，也便有了“感时思报国，拔剑起蒿莱”的雄心。钱牧斋兀地站起，高声曰:“闲居非吾志，甘心赴国忧！”

这群自视为国家栋梁的儒生，居然真的“向来忧国泪，寂寞洒衣巾”，几个人以袖掩面，大有“英雄恨，泪满巾”“心徒壮，岁将零”的气概。

黄宗羲坚持说:“外患因内乱而起，内乱则因朝廷用人失察所致，纲纪糜乱，致使朝廷失信于民。”

瞿式耜:“朝廷用人不当，为官者以权谋私，不想报国，只图私利，国家危矣。”

柳如是一直在旁倾听，既然谈论之事关乎国运，此时她也不顾身份，慨然说道:“我乃风尘中人，但还是懂得‘天下兴亡，匹夫有责’的道理。朝廷只有清明吏治，清除魏忠贤之类阉党贪官，罗致天下贤能并委以重任，行强国惠民之道，方可挽回民心，国家才能转危为安。”众人听罢，一时无语。

黄宗羲猛地叫起好来:“柳儒士说得要紧，一言中的，朝廷若重用贤臣，驱逐小人，则国家有救矣。钱翁忠贞为国，名闻朝野，圣意或不久传来，召君重返朝堂。”

钱牧斋听着这群门生的言论，尤其是柳如是的“罗致贤能”论，面带惊喜之色。他随后一转话题：“今日钱某设文宴，饮酒赋诗，诸君一醉方休！”

文宴在半野堂举行。傍晚时分，大堂中红烛点亮，泥炉炭火正旺，大长方桌上菜肴美酒齐备，客人落座，弦歌悠扬。

钱牧斋以主人身份先为文宴献诗一首，高声朗诵道：

清尊细雨不知愁，鹤引遥空凤下楼。
红烛恍如花月夜，绿窗还似木兰舟。
曲中杨柳齐舒眼，诗里芙蓉亦并头。
今夕梅魂共谁语，任他疏影蘸寒流。

弟子徐锡胤奉和，成《半野堂宴集次牧翁韵奉赠我闻居士》：

舞燕惊鸿见欲愁，书签笔格晚妆楼。
开颜四座回银烛，咳吐千钟倒玉舟。
七字诗成才举手，一声曲误又回头。

佳人那得兼才子，艺苑蓬山第一流。

钱牧斋点头微笑。弟子们夸赞老师的诗好，实为赞美柳如是。

弟子黄宗羲说：“好诗，‘但写真情并实境，任他埋没与流传’！”

弟子顾苓道：“妙诗，‘一语天然万古新，豪华落尽见真淳’！”

弟子程嘉燧说：“牧翁此诗乃献柳儒士之作，题为‘寒夕文宴，再叠前韵。是日我闻室落成，延河东君居之’。我等来敬河东君，若何？”

众人站起，向柳如是敬酒。柳如是忙起身，也举杯道：“诸位皆当今名士，小女子不敢当，但为报答诸位之情，我先回敬一杯，然后再献丑，献唱一曲。”词乃如是作，题为“春日我闻室作呈牧翁”，以谢钱牧斋赠室之厚情。

秋菊递来琵琶，柳如是边弹边唱：

裁红晕碧泪漫漫，南国春来正薄寒。

此去柳花如梦里，向来烟月是愁端。
画堂消息何人晓，翠帐容颜独自看。
珍重君家兰桂室，东风取次一凭阑。

弹罢，士子们仍沉浸其中，如醉似幻。那诗句里，有对钱翁款待的感激，也有淡淡的惆怅，此中的情感深深地打动了他们。

文宴管弦飘然，诗歌朗朗，你祝我贺，觥筹交错，一直进行到夜阑月悬。柳如是殷勤助酒，已有醉态，姿容仪态更是娇艳动人，钱牧斋命秋菊、阿香将其搀扶到我闻室。临走如是犹唱：“劝君终日酩酊醉，酒不到刘伶坟上土！”刘伶者，魏晋时期竹林七贤之一，一生纵酒放达，蔑视礼法、权贵。柳如是借刘伶的诗句表达内心的矛盾和苦闷。

钱牧斋视寒夕文宴为一生最难忘之事，于康熙二年癸卯(1663)岁暮再作《病榻消寒杂咏》第三十四首《追忆庚辰冬文宴旧事》。

但参与寒夕文宴的诸位诗家对柳如是在宴会上的放纵，多有微词。

比如一向严肃的黄陶庵(黄淳耀)便看不惯柳如是的举动，没有和诗。徐锡胤诗中“舞燕惊鸿见欲愁”之句，便说的是柳如是歌舞时的放诞；“咳吐千钟倒玉舟”，指的是柳如是的狂饮之态，逾越了当日闺阁常轨者。

据钱牧斋垂死时所作《追忆庚辰冬半野堂文宴旧事》中的“看场神鬼”注云：公云，文宴时，有老妪见红袍乌帽三神坐绛云楼下。江南士大夫名流有迷信之风，钱家有人便欲利用牧斋的迷信心理，散播谣言，假托祖宗显灵，警告钱牧斋不可纳柳如是入门，以免败家。可见钱牧斋家中并不安宁。

第五章

行婚礼于芙蓉舫中

胡文楷《柳如是年谱》:“(辛巳年)正月二日与牧斋过拂水山庄,与牧斋为西湖之游。六月七日行结缡礼于芙蓉舫中。”癸未,“入住绛云楼”。

牧斋《有学集·赠黄皆令序》:“绛云楼新成,吾家河东邀皆令至止。砚匣笔床,清琴柔翰,挹西山之翠微,坐东山之画障。丹铅粉绘,篇什流传,中吴闺阁,侈为盛事。”

钮琇《觚剩》:“柳归虞山宗伯,目为绛云仙姥下降,仙好楼居,乃枕峰依堞,于半野堂后构楼五楹,穷丹碧之丽,扁曰‘绛云’。大江以南,藏书之家无富于钱。”

《明史》卷二四《庄烈帝本纪》:“(崇祯十五年九月)辛卯,凤阳总兵黄得功、刘良佐大败张献忠于潜山。”

崇祯十四年辛巳（1641）
至崇祯十六年癸未（1643），
柳如是二十四岁至二十六岁。

己卯年（1639）除夕夕暮时，牧斋与如是到山庄看开得正艳的梅花。寒风中，园中一派绿色，除了几株白芷上的零星白花，独几株梅花吐露芬芳。

钱牧斋沉默片刻，吟《除夕山庄探梅口占报河东君》诗，赠予如是：

> 数日西山踏早梅，东风昨夜斩新开。
> 停车未许倾杯酒，走马先须报镜台。
> 冷蕊正宜帘阁笑，繁花还仗剪刀催。
> 衫裆携得寒香在，飘瞥从君嗅一回。

柳如是听罢，曰：“切题，切题，如是见闻，正是‘写物图貌，蔚以雕画’。”

孰料辛巳年（1641）元日，竟下起了漫天大雪，柳如是梳洗罢，即穿上墨绿棉衣裙，围上白狐皮，急促促出门赏雪。南国的雪虽很温柔，但还是“旋扑珠帘过粉墙，轻于柳絮重于霜”（李商隐《对雪二首》）。

柳如是与秋菊边赏雪，边对句。柳如是：“白雪纷纷何所似？”

秋菊马上听出，这是早些时候，主子教她对句时学过的《咏雪联句》上联，便脱口而出：“撒盐空中差可拟！”

柳如是笑道：“丫头有长进。”

没多时，钱牧斋着一身深棕色丝绵长袍，笑着踏雪而至。听柳如是他们吟《咏雪联句》，便随口咏出一首诗，后名为《辛巳元日雪后与河东君订春游之约》：

新年转自惜年芳，茗椀薰炉殢曲房。
雪里白头看鬓发，风前翠袖见容光。
官梅一树催人老，宫柳三眠引我狂。
西碛蓝舆南浦棹，春来只为两人忙。

此诗咏的是眼前所见、所感，当然赞美美人是主调，可以说是《除夕山庄探梅口占报河东君》的续篇。

第二日就是正月初二，牧斋与如是约定去拂水山庄游赏。《柳如是年谱》记有“正月二日与牧斋过拂水山庄”为证。

新年到，“爆竹一声除旧，桃符万户更新”。钱宅贴满新桃符，一家人欢欢喜喜度岁。柳如是忆起王安石《元日》：“爆竹声中一岁除，春风送暖入屠苏，千门万户曈曈日，总把新桃换旧符。”不禁伤感得紧。岁月如梭，青春易老，年到二十四岁，尚孤身一人，“愿得一心人，白头不相离”，但那个人似见非见，正是“唱尽新词欢不见，红霞映树鹧鸪鸣”。

除夕时，牧斋在我闻室陪如是听琴谈诗到日暮，安排仆人换了新的门帘、被袄，挂上大红灯笼，点燃火炉、红烛，送来美味佳肴、黄酒糕点，由秋菊侍候，二人小酌，情意绵绵，牧斋殷勤斟酒，这位曾经的朝中重臣、文坛魁首的此番举动，是罕见的，如是也心存感激。她是聪明人，福善之门莫美于和睦，除夕乃一家团聚欢愉之时，让钱家人因为自己空等牧斋度岁，柳如是做不到，她几次笑着让牧斋回家，陪家人守岁。牧斋站起深鞠一躬，告辞而归。

但牧斋一走，她倍感凄凉，守岁到子夜，遂让秋菊研墨铺纸，“愁极本凭诗遣兴，诗成吟咏转凄凉”，她挥笔写就《辛巳元日》：

麋芜新叶报芬芳，彩凤和鸾戏紫房。
已觉绮窗回淑气，还凭青镜绾流光。
参差旅鬓从花妒，错莫春光为柳狂。
料理香车并画楫，翻莺度燕信他忙。

收好诗，如是命秋菊将所带来的衣物收拾好。秋菊大惑：“春节是不能翻动旧物的。”

柳如是道：“快些收拾。”

秋菊问：“这是为什么？”

柳如是道：“莫问，过几天你自会知道。”

正月初二，便是钱、柳相约，同游拂水山庄的日子。

雪后初霁，红日当头，江南雪景，别有趣味。他们登上画舫，路经秋月阁时，登上花信楼，凭栏远眺。碧水畔，雪中绿柳成行，枝条摇动，白雪上泛起一层粉霞，蔚为壮观。

牧斋沉默片刻，便吟出《新正二日偕河东君过拂水山庄，梅花半开，春条乍放，喜而有作》：

东风吹水碧于苔，柳靥梅魂取次回。
为有香车今日到，尽教玉笛一时催。
万条绰约和腰瘦，数朵芳华约鬓来。
最是春人爱春节，咏花攀树故徘徊。

柳如是听罢，忙道：“好诗！我也乘兴次韵作答。”

山庄水色变轻苔，并骑亲看万树回。
容鬓差池梅欲笑，韶光约略柳先催。
丝长偏待春风惜，香暗真疑夜月来。
又是度江花寂寂，酒旗歌板首频回。

钱牧斋见柳如是久驻梅前，双手捧起一簇梅花，忘情地闻着。他竟跃身一跳，折下一枝梅花，送给如是。如是见半老钱翁为自己跳而折梅，立刻想起晏几道的《清平乐》，笑道："折得疏梅香满袖，暗喜春红依旧。牧斋翁的心很年轻啊！"

钱牧斋也笑道："柳儒士，那晏几道还有《虞美人》呢，'小梅枝上东君信，雪后花期近'。老夫在等佳期呢。"

柳如是笑而不语。

他们过了曲桥，便来到钱牧斋经常讲学的耦耕堂。知钱翁要来，这里早已备好茶点。喝过茶后，略作休息，二人上了后面的山楼，凭窗望去，这处拂水崖上的拂水禅院，还有跨山涧的小石桥尽收眼底。

此刻，柳如是对山景并不感兴趣，她心中思索的是要独去湖州的事。

钱牧斋略有察觉，一路上，柳如是的游兴并不高。

过了一座石桥，在离河不远的地方，柳如是愁容满面地对钱牧斋说："牧翁，春节已过，梅花也看了，如是要回湖州了。"

钱牧斋心头一震，不知该怎么办，该说些什么。

双方都沉默了。

钱牧斋知道，柳如是来虞山投奔他，他虽为她修造了我闻室，但在一家老小眼皮底下，没有名分的她的确不能久住。曾想要明媒正娶柳如是，让她当正室，但一直不敢这么做。

当时，官宦之人娶几房小妾，养几个娼妓，不算什么，顶多有人在背后嚼嚼舌根，说几句难听的话。但舆论是不允许为了娶新人，而废弃原配的。本朝尚书、祭酒倪玉汝（倪元璐），因妾夺封命，被朝廷革除官职。究竟怎么迎娶柳如是，他正在筹划。他无法向柳如是许诺什么，只好暂时沉默。

画舫载着钱牧斋、柳如是、阿香、秋菊，还有几个仆人，沿运河游苏州，到嘉兴稍作停留，然后泊在杭州虎丘西溪。钱牧斋识得虎丘寺方丈，便借住寺中。

虎丘寺，柳如是并不陌生，八年前她十六岁时（1633），仰慕饱读诗书、风流倜傥的陈子龙，想方设法接近他，曾跟踪他到这里，看复社春季集会。

钱牧斋让寺僧安排一间雅静的斋房让柳如是休息。然后应邀携柳如是到老友沈璧甫斋中小酌，因当天是上元节，圆月高悬，花灯明亮。主客共度灯节，酒是少不了的，诗也是少不了的。

沈璧甫知钱牧斋是诗中魁首，请其赐诗。钱牧斋不客气，当时就口占《上元夜，同河东君泊舟虎丘西溪，小饮沈璧甫斋中》：

西丘小筑省喧阗，微雪疏帘炉火前。
玉女共依方丈室，金床仍见雨花天。
寒轻人面如春浅，曲转箫声并月圆。
明日吴城传好事，千门谁不避芳妍。

主人早就闻听柳如是善诗词歌赋，便说道：“柳儒士当和一首。”

柳如是端酒敬了主人一杯：“那就和韵钱翁。”

弦管声停笑语阗，清尊促席小阑前。
已疑月避张灯夜，更似花输舞雪天。
玉蕊禁春如我瘦，银缸当夕为君圆。
新诗秾艳催桃李，行雨流风莫妒妍。

沈璧甫听罢，击掌而赞：“好诗，情信辞巧，比钱翁高妙。”

几百年后，陈寅恪先生评此诗时，也说此诗胜于钱牧斋。《初学集》云：河东君评花，最爱山矾。以为梅花苦寒、兰花伤艳，山矾清而不寒、香而不艳，有淑姬静女之风。蜡梅、茉莉皆不中作侍婢。

从沈璧甫斋中出来，柳如是回到斋房安息。万籁俱静，唯有明月如水般透过窗棂，投射床上，她急于入梦，却睡不着，越是想回避往事，往事却清晰地闯入脑海。陈子龙那儒雅的微笑，那双明眸蓦然出现眼前。一别九年，听牧翁说，陈子龙曾任绍兴推官，以功擢兵科给事中。前一年九月九日，张献忠率部渡江，杨明赶去阻击无功。十二月张献忠攻克泸州，李自成轻取永宁，自称闯王。今年初，民兵临洛阳城下。福王朱常洵封藩洛阳。那陈子龙，乃事福王，自知无所作为，便辞官而去，如今也不知情况如何。陈子龙非“士有死不失义”那种人。她在心中叹息，若陈子龙“宁以义死，不苟幸生，而视死如归”，那他将永驻自己心中。但陈子龙在国难当头之时，却知难而退。如是心中叹道：“子龙，你已从如是心中消失了。”

这个漫漫长夜，柳如是永诀了一直思念的陈子龙。陈子龙其实还是有血性的男儿，他曾与同乡夏允彝等共组“几社”。南京陷落，陈子龙在松江起兵抗清，败后避于山中，不久又受鲁王部院职衔，密结太湖兵抗清，事情泄露被清兵俘虏，乘敌不备，投湖而死，时为崇祯十四年(1641)。二十四岁的柳如是得知陈子龙的情况，内疚悲痛。

半个月后，钱、柳又乘画舫到了南湖(又称鸳湖)。柳如是曾在吴来之的勺园养病，这里的柳岸、烟雨令她心旷神怡。

这里，曾经是柳如是广为交游、与客流连的地方。如她与钱翁同到这里，消息会飞快传递，这会让她尴尬、为难。

柳如是让秋菊侍候，写了一首诗《鸳湖舟中送牧翁之新安》：

梦里招招画舫催，鸳湖鸳翼若为开。
此时对月虚琴水，何处看云过钓台。

惜别已同莺久驻，衔知应有燕重来。

只怜不得因风去，飘拂征衫比落梅。

钱牧斋读出柳如是感谢他知遇的深情，相伴已久，她要离去了，但相聚的佳期可期。此刻她也难过，如纷纷落梅那般忧伤。

两人相对而坐，各自心事重重，只是相互深情对望。

良久，牧斋低声问道：“你要到何处？”

如是：“回松江。”

牧斋心中一紧，料想如是想探望云间旧时相识，念旧的她还念记他们。但一直驻在她心里的陈子龙，已经赴绍兴推官任。

如是看出钱牧斋在想什么，微微一笑：“早就想回松江，因卧子在，不方便；择他不在的时候访旧，双方相安无事。”

牧斋心里又一震：好个重情至义的女子！于是情不自禁地起身，一手拉住她的手，一手拢着她的肩。双方都感到温暖甚至战栗。

钱牧斋恋恋不舍地告别了柳如是，独自乘画舫去新安访程嘉燧，不遇，便独上黄山。途中只是思念柳如是，而不是担心她心有所属。到了黄山，浴黄山下汤池，以诗记之，并将诗送给松江的如是，诗中有“香溪褉后试温汤，寒食东风谷水阳。却忆春衫新浴后，窃黄浅绛道家装”句，最让柳如是激动的是“阿瞒果是风流主，妃子应居第一汤”和“齐心同体正相因，跛濯何曾是两人”句，诗中明确表示，他钱某愿以嫡妻之礼对待她，可让她在家中享受主母地位。

读罢诗，柳如是也安心了，相较陈卧子、汪然明等旧日相好，没有谁能像牧斋这样真诚勇敢地待她。她感动得流下两行热泪。

秋菊看在眼里,“姐姐怎么兀自流泪呢？”

如是破涕为笑:“‘金风玉露一相逢，便胜却人间无数’，丫头记住，这是秦观《鹊桥仙》里的话。”

说罢命秋菊备好文房四宝，提笔写下《奉和黄山汤池留题遥寄之作》，其中有“旌心白水是前因，觑浴何曾许别人？煎得兰汤三百斛，与君携手祓征尘”句，明确表态，愿与牧斋携手共度人生。

是年六月，钱牧斋如约到松江迎娶柳如是。

而此时的东北前线吃紧，局势十分严峻。

五月十八日，崇祯在中极殿召见兵部尚书陈新甲，问他有何良策驱退清兵，解锦州之围。这位举人出身，曾任宁前兵备佥事，如今已是兵部尚书的陈新甲，也拿不出什么有效的破敌之计，请求退而与同僚商议。在随后的奏疏中，他对形势很悲观，建议派兵部职方郎中张若麒往宁远，与洪承畴总兵当面商议。

官方邸报，原本总是报喜不报忧，此时也不得不报：被称为“索虏”的建州军队，不断挑战和威胁明朝山海关外的辽阔疆土，“流寇”（农民起义军）的势力越来越大。

南方的士大夫，为民族危难焦急者不少，但更多士子乐于偏安一方，不舍昼夜地花天酒地、寻欢作乐，歌舞升平，如钱牧斋，还在为个人营建美满小巢穴费尽心思。

四月，崇祯召周延儒入京（九月，崇祯重新任命周延儒为首辅）。此人乃万历进士，授编修，崇祯即位擢礼部右侍郎，后出任内阁首辅，与钱牧斋有宿怨。崇祯十六年（1643）被弹劾“窃权附势，纳贿行私”，被崇祯赐死。

初闻周延儒被召回的消息，钱牧斋不悦，但因即将迎娶柳如是，转而为喜。

初夏，惠风和煦，一艘精美挂彩的大画舫，泊在松江岸边。

按照当地最隆重的婚礼规格，钱牧斋风风光光地将柳如是迎娶到船上，画舫大舱红绸装饰，红烛高照。钱、柳同拜天地，行合卺大礼。

交拜后，钱、柳各执红绿牵巾的一端，钱牧斋牵引着柳如是走向后舱的新房。

据沈虬《河东君传》记：“辛巳六月，虞山于茸城舟中与如是结缡。学士冠带皤发，合卺花烛，仪礼备具。赋催妆诗，前后八首。云间缙绅哗然攻讨，以为亵朝廷之名器，伤士大夫之体统，几不免老拳。满船载瓦砾而归，虞山怡然自得也。”

大喜日子，遭士大夫之围攻，以砖头石块甚至老拳待之。有维护朝廷和士大夫面子者，怕也有妒忌者愤然为之。

画舫驶抵常熟，早就安排好的彩舟已在尚湖畔迎候。

彩舟行至钱府附近，鼓乐笙箫齐奏，引来许多观看热闹的邻人。又有八抬大轿在乐队的引导下将新人抬进陈设了红烛、喜字、香案的钱家老宅的堂中。令钱牧斋没想到的是，原配陈夫人率府里的众人笑着迎接，气氛和谐。

钱牧斋终于抱得美人归，心情大好，遂作《六月七日迎河东君于云间，喜而有述四首》，其一曰：

鸳湖画舸思悠悠，谷水香车浣别愁。
旧事碑应衔阙口，新欢镜欲上刀头。
此时七夕移弦望，他日双星笑女牛。
榜枻歌阑仍秉烛，始知今夜是同舟。

此诗一经传出，各方士子和者无数，皆羡之祝之，传为美谈。

自柳如是嫁到钱牧斋家，钱家那些妻小，见柳氏这般艳丽，老爷又倍加恩宠，心里自然不甘，有寻衅闹事者，有趁机挑拨者，但都被柳氏宽容化解。后钱牧斋将掌管钱财的大权交给柳氏，而柳氏又公平以待旧人，救急解难，赢得众人的好感，柳氏在这个大家庭的地位益发巩固和提高。柳氏的心情也很好，有《依韵奉和二首》诗为证：

秋水春衫憺暮愁，船窗笑语近红楼。
多情落日依兰棹，无藉轻云傍彩舟。
月幌歌阑寻麈尾，风床书乱觅搔头。
五湖烟水长如此，愿逐鸱夷泛急流。

素瑟清尊迥不愁，柁楼云物似妆楼。
夫君本自期安桨，贱妾宁辞学泛舟。
烛下乌龙看拂枕，风前鹦鹉唤梳头。
可怜明月将三五，度曲吹箫向碧流。

柳如是这两首诗写出了婚后生活的闺中之乐：“月幌歌阑寻麈尾，风床书乱觅搔头”，“烛下乌龙看拂枕，风前鹦鹉唤梳头”，恩爱缠绵的镜头，形象而写实。

从汪然明家到与钱牧斋结缡，柳如是之病尚未痊愈，钱牧斋有诗《小至日京口舟中》记之：

病色依然镜里霜，眉间旋喜发新黄。
偶逢客酒浇长至，且拨寒炉泥孟光。
抚髻一灯还共照，飞蓬两鬓为谁伤。
阳春欲复愁将尽，弱线分明验短长。

柳如是和诗云：

首比飞蓬鬓有霜，香奁累月废丹黄。
却怜镜里丛残影，还对尊前灯烛光。
错引旧愁停语笑，探支新喜压悲伤。
微生恰似添新线，邀勒君恩并许长。

钱牧斋温慰柳如是之愁病，情辞甚真挚；柳如是酬答其夫，乃由衷实言。

婚后夫妻二人恩爱和睦，正是“莺逢日暖歌声滑，人遇风情笑口开”。

金桂飘香，秋风送爽，柳如是进钱府已三个月。

一日，钱牧斋在书房与大管家商议建藏书楼诸事，柳如是让秋菊奉茶。

她已从管家嘴里听出钱家财务有些拮据，心说，何止家财空虚，那账目也十分混乱，漏洞百出，她进府后查账目时便早已发现。只是时机不成熟，怕有人说她想独揽财权，所以便没有插手此事。

钱牧斋听罢管家关于财务的报告，责备起自己来，平日只顾应酬交际，与柳如是卿卿我我，长期不理庶务，以至于如今竟连一个藏书楼都难以修建。

待管家走后，柳如是见牧斋闷闷不乐，笑道："相公，只怪你有眼不识泰山。"

牧斋："夫人，我只见丘壑，哪里有泰山！"

柳如是毛遂自荐："你眼前便是。"

柳如是果然是个理财能手，她在读唐史时，读到深受重用的魏征曾向太宗陈谏二百余事，其中有理财的奏疏，于是借鉴其方，调整管钱财的人员，撤换办事不力者，拔擢忠于钱府又有办事能力者，不分仆妇，明确执事责任，奖罚分明，严明开支手续，一切由柳如是核办。同时又由她监办清理账务，追讨欠款，对家里的生意如出海兴贩，都安插了得力亲信。一直挖钱府墙角以自肥者，皆被送到官府，以此震慑贪财者。

仅过了两个月，账目清楚，生意兴隆，钱财滚滚入库，藏书楼也可以筹划了。

一日，钱牧斋与柳如是在我闻室品茶，柳如是将自己画的藏书楼草图给牧斋看，然后谈施工问题。在筛选施工者时，二人不约而同地提议同一个赫赫有名的建筑师，默契十足。

此刻，钱牧斋似闻出一缕清雅之香，他知道那是柳如是在元日大雪后，让秋菊收集在瓷坛里的雪水，所沏的黄山云雾茶的独特清香。

秋菊将茶斟在明青花瓷杯里，两个主子一人一杯。柳如是一笑，问秋菊："丫头，这茶味道可好？"

秋菊回道："主子真小气，秋菊只是为主子先尝尝雪水泡茶滋味怪不怪，这就大惊小怪起来。"

柳如是说："偷嘴的小猫，唇上的口脂都没了。"

秋菊嫣然一笑："钱老爷，您这位管家厉害吧。"

柳如是冲牧斋笑道："相公，有了如是这个管家婆，你可以继续当甩手掌柜了。"

后来，又谈到藏书楼的名字。钱牧斋说："《真诰》云，'绛云仙老下降，仙好楼居'，仙姑乘绛云，就名为'绛云楼'吧。"绛云楼原是钱牧斋为柳如是而建，他以绛云仙子比拟柳如是。

绛云楼距离我闻室不远，在半野堂之后，该楼坐北朝南，构楼五楹，飞檐斗拱，精巧宏丽。钱牧斋书"绛云楼"金字匾额挂于楼上，笔意清奇，与楼和谐。

柳如是指挥家仆，将钱牧斋收藏的秦汉钟鼎尊彝、晋宋刻版万卷书籍、各代金石文字名画、明朝官窑磁器搬了进去，她将所有物品按朝代、分类别，登记造册，并疏密有序地摆放好。

顾苓《河东君小传》这样记绛云楼：

> 为筑绛云楼于半野堂之后，房栊窈窕，绮疏青琐。旁龛金石文字、宋刻书数万卷，列三代秦汉尊彝环璧之属、晋唐宋元以来法书名画，官哥定州宣成之瓷，端溪灵璧大理之石，宣德之铜，果园厂之髹器，充牣其中。

绛云楼门口有一长楹联，刻于金丝楠木上，悬于柱上。

上联：

沧海日、赤城霞、峨眉雪、巫峡云、洞庭月、彭蠡烟、潇湘雨、武夷峰、庐山瀑布，诸宇宙奇观，奔来眼底。

下联：

少陵诗、摩诘画、左传文、马迁史、薛涛笺、右军帖、南华经、相如赋、屈子离骚，众古今绝艺，注入心头。

不出户，知天下；不窥牖，见天道，可见绛云楼藏书之丰富。

绛云楼落成，众门生友人来贺，见此楼规模宏大，无不称道。自此，各方求学者，络绎不绝。四方学士者，常到书楼，寻找文章资料。柳如是得知来者要找的书，她竟能在书帖海中，不费什么精力便抽拣出来，让求书者满意而归。牧斋不能，故奇而生敬意。

沈虬《河东君传》载：“在绛云楼校雠文史，牧斋临文，有所检勘，河东君寻阅，虽牙签万轴，而某册某卷，立时翻点，百不失一。所用事或有舛误，河东君颇为辨证。”

这证明柳如是读书之多、之深，记忆力之好，辨识能力之强，一般士子不及。

当然钱牧斋毕竟读万卷书，一肚子才学，答疑解惑还得靠他。

钱、柳二人，几乎整日在绛云楼里愉快地忙碌着，钱牧斋有《赠黄皆令序》记绛云楼：

> 绛云楼新成，吾家河东邀皆令至止。砚匣笔床，清琴柔翰，挹西山之翠微，坐东山之画障。丹铅粉绘，篇什流传。中吴闺闼，侈为盛事。

婚后，钱牧斋曾作《有美一百韵，晦日鸳湖舟中作》，其中有钱、柳二人美好生活的记录。诗曰：

文赋传乡国，词章述祖先。
采蘋新藻丽，种柳旧风烟。
字脚元和样，文心乐曲骈。
千番云母纸，小幅浣花笺。
吟咏朱楼遍，封题赤牍端。

钱牧斋在这里认柳如是真为柳姓，并列举柳氏家族故事以誉之，让柳如是很体面。

流风殊放诞，被教异婵娟。
度曲穷分刌，当歌妙折旋。
吹箫嬴女得，协律李家专。
画夺丹青妙，琴知断续弦。
细腰宜蹴鞠，弱骨称秋千。
天为投壶笑，人从争博癫。
修眉纡远翠，薄鬓妥鸣蝉。
向月衣方空，当风带旋穿。

行尘尝寂寂，屐齿自姗姗。
舞袖嫌缨拂，弓鞋笑足缠。
盈盈还妒影，的的会移妍。

“流风”句乃赞柳如是很有个性，与士大夫、大家闺秀不同。其后赞赏柳如是琴棋书画、歌舞表演高妙，描绘出了一个多才多艺、风情万种的美人。

妙丽倾城国，尘埃落市廛。
其堪陈甲帐，还拟画甘泉。
杨柳嗟扳折，蘼芜惜弃捐。
西家殊婉约，北里正喧阗。
豪贵争除道，儿郎学坠鞭。
迎车千锦帐，输面一金钱。
百两门阑咽，三刀梦寐搷。
苏堤浑倒踏，黟水欲平填。
皎洁火中玉，芬芳泥里莲。
闭门如入道，沉醉欲逃禅。
未许千金买，何当一笑嫣。

钉心从作恶，唾面可除痏。
蜂蝶行随绕，金珠却载还。
勒名雕琬琰，换骨饮琨瑞。
枉自求蒲苇，徒劳卜筳篿。

钱牧斋此节叙述的是柳如是被离弃而沦落青楼的遭遇，尽力美化了柳如是落入风尘的经历。有时，爱得深切，往往失去理智罔顾事实，钱牧斋的百句长诗《有美一百韵，晦日鸳湖舟中作》便是一例。但读者自会从诗中读出他的言外之意：与柳如是结合，并未辱没文坛首领的颜面。

到了崇祯十五年壬午（1642）正月底，钱牧斋得报，说壬午年正月初一崇祯御朝接受文武百官朝贺之后，召见内阁辅臣周延儒、贺逢圣等及兵部尚书陈新甲诸大臣。陈新甲提出“款建虏”（与清议和）的主张，说：“松锦（松山、锦州）两城久困，兵不足援，非用间不可。”即委婉地提出与清议和。此主张与崇祯的想法不谋而合，崇祯便直接说：“城围且半载，一言不达，何间之乘？可款则款，卿其便宜行事。”然后问大臣们的意见。周延儒老奸巨猾，一言不发，有大臣云：“彼果许款，款亦可恃。”就这样，议和就定了下来。

原本在崇祯十四年(1641)年底，辽东大雪茫茫，深达丈余，清军粮草补给断绝，正欲解围而归，又恐明军尾随攻击，便通过蒙古人向明朝发出求和信号。那时明军完全可以乘机攻击破敌，即便要讲和，主动权也在自己手里，但明朝却错过机会。

对于议和之事，周延儒作为首辅，竟一言不发，致使明朝痛失好局。南方士子，对其极尽嘲讽。与其有宿怨的钱牧斋，愤其官不配位，喜其丢人现眼，心里略有平衡。

而柳如是自家也有奇闻，据柴紫芳《芦峰旅记》记：柳河东君如是归虞山蒙叟后，其妹杨绛子犹居江垂虹亭，鄙姊之行，遂不与人往来。质钏镯得千余金，构一小园于亭畔。日摊《楞严》《金刚》诸经，归心禅悦，颇有警悟。尝谒灵岩、支硎等山，布袍竹杖，飘遥闲适。视乃姊之迷落于白发翁者，不啻天上人间。嘉兴薛素素女士慕其行，特雇棹担书访绛子于吴门，相见倾倒，遂相约不嫁男子，以诗文吟答、禅梵讨论为日课。乃同至慧泉，溯大江而上，探匡庐、入峨嵋、题诗铜塔，终隐焉。其后素素背盟，复至槜李。绛子一人居川中，足迹不至城市。河东君数以诗招之，终不应。未几卒。著有《灵鹃阁小集》行世。其“春柳（寄爱姊），调《高阳台》”一阕，盖讽之也。

杨绛子选择了一条与其姐柳如是完全不同的道路，显得任性而高洁。

柳如是是否有亲妹杨绛子，没有确切资料，我们权且将其视为风尘中相识的好姐妹，如同柳如是叫杨爱时，在盛泽归家院认识的徐佛。

《芦峰旅记》所写的杨绛子，是个颇有个性的奇女子。她按照自己的性格，大胆勇敢地选择了自己的人生。在无数女性生命和灵魂被扭曲、荼毒、压抑的时代，杨绛子特立独行。时值明朝即将灭亡，整个社会弥漫着一种末日情绪，颓废糜烂之风盛行，人们醉生梦死，及时行乐，烟花柳巷的皮肉生意畸形繁荣，士大夫阶层沉迷其间，偷香窃玉，正义良知丧失殆尽，尚思家国而欲挽狂澜于既倒的士子寥寥可数。在这种社会环境下，出现了杨绛子这样灵魂干净的不甘沉沦的奇女子，于精神荒芜的乱世，折射出怎样的社会意蕴呢？

钱牧斋抱得美人归，自是不胜欣喜；而柳如是见文坛领袖钱牧斋对自己倾心而爱，自觉是一种荣耀，让江湖诸美姬羡慕得要死。但后来听秋菊说，钱家仆婢私下议论，钱牧斋曾热烈地与一位王姓美姬相爱。柳如是之所以不问其详，是因为她偶然读到江熙的《扫轨闲谈》，上有云：

> 钱牧斋宠姬在柳如是前，有王氏者，桂村人，嬖幸略与柳等。会崇祯初，有旨以礼部左侍郎起用，牧斋殊自喜，因盛服以示王曰："我何似？"王睨翁戏曰："似钟馗耳。"盖以翁黑而髯故也。翁不悦。后适以枚卜罢，遂遣王归母家，居一楼而终。今其楼尚存。

柳如是知此事，崇祯初时她年仅十一二岁，也未

1 与钱牧斋相识，故未介意。但正因她详知此事，知钱牧斋心胸狭窄，故能应付自如。王应奎《柳南随笔》就记录了一件事：

> 某宗伯既娶柳夫人。一日坐室中，目注如是，如是问曰："公胡我爱？"曰："爱汝之黑者发而白者面耳。然则汝胡我爱？"柳曰："即爱公之白者发而黑者面也。"侍婢皆为匿笑。

柳如是虽也说钱发白面黑，但说得得体，比王氏的"钟馗"之喻，聪明多了。此文保存了钱、柳二人对话原辞，很是珍贵，日常生活之闲说，在有学问的钱、柳口中，戏谑之言竟透露出二人情感和谐，藻饰之词，信手拈来，妙趣横生。

自崇祯十四年辛巳(1641)夏，柳如是嫁给钱牧斋，至崇祯十六年癸未(1643)，光阴似水，匆匆流逝，在这三年岁月里，有两件大事不得不提：一是绛云楼之建筑，耗去钱、柳的恁多时光；二是因操劳，柳如是暴病，历时两年。二人虽也曾出门游历，但时间并不长。这三年基本是在钱宅生活。

钱牧斋一生多以诗记史、说事,《有学集》卷七《高会堂诗集》中有赋《茸城惜别》，其中记载了钱、柳的婚后生活：

画楼丹嶂埒，书阁绛云编。
小院优昙秘，闲庭玉蕊鲜。
新妆花四照，昔梦柳三眠。
笋进茶山屋，鱼跳蟹舍椽。
余霞三泖塔，落日九峰烟。

钱牧斋《初学集》卷二十上《东山诗集》中有《燕誉堂秋夕》诗：

雨过轩窗浴罢时，水天闲话少人知。
凭阑密意星娥晓，出幌新妆月姊窥。
斗草空阶蛩自语，采花团扇蝶相随。
夜来一曲君应记，飒飒秋风起桂枝。

蜜月的甜美、快乐、得意，颇有情致地展示出来。

赏花闲话是说不尽的，而钱牧斋尤爱论兵法，偏偏柳如是也好论兵。闲话就变成论兵法了。钱牧斋曾在天启元年（1621）浙江乡试程录中谈兵，南明覆灭后，他在从事复楚报韩活动时，曾说“余少壮而好论兵，抵掌白山黑水间”。

钱牧斋在崇祯十三年（1640）、十五年（1642）、十六年（1643）所著诗文，关涉边防及求将帅的不少。《初学集》卷二十上《东山诗集》中有诗云：莫厌将坛求解脱，清凉居士即瞿昙。（《寄榆林杜韬武总戎》）

题中所说杜韬，乃是武者。钱牧斋携柳如是同访过韩、梁大战兀术的古战场，想与当时掌握兵权的将领联络。他们后来又主动联络郑芝龙（郑成功之父），并与其成为朋友。

钱牧斋还写过《题〈将相谈兵图〉》。此诗写于范梦章被罢南京兵部尚书之后，到北京刑部任尚书之时。该诗云：

画师画师汝何颇，再貌一人胡不可？

猿公石公非所希，天津老人或是我。

钱牧斋以“天津老人”自许，实则暗喻自己能为晋公。

中国士大夫，在明朝时有一股特别的风气，平日极喜谈兵，钱牧斋、阮大铖、范梦章之流，空谈滔滔不绝，而临事却一无所用。福王乃懦弱好淫之徒，但不用钱牧斋督兵援扬州之役，却显现出其知人之明。

据《明史》载：“（崇祯十五年）九月辛卯（二十四日），凤阳总兵黄得功、刘良佐大败张献忠于潜山。”

钱牧斋闻得此事，大约在十月，作《中秋日得凤督马公书来报剿寇师期喜而有作》：

鹖冠将军来打门，尺书远自中都至。

书来克日报师期，正是高秋誓旅时。
先驱虎旅清江汉，厚集元戎出寿蕲。
伏波威灵天所付，花马军声鬼神怖。
郢中石马频流汗，汉上浮桥敢偷渡。

钱牧斋一向喜谈兵论战，总希望能得朝廷赏识而起用。他联系马公（马士英），不足为怪。而大败张献忠的刘良佐，在山东登莱一役战功卓著，驻凤阳的也是刘良佐的军队，与他搞好关系，对将来“开府东海任捣剿之事”大为有利。

他与柳如是同访韩、梁大战兀术的古战场，就是筹谋掌握兵权的活动，当他不断寻求接触有实权的将领时，有一个人进入了他的视野。那就是郑芝龙。

第六章

从牧斋至南京，道出丹阳

《柳如是年谱》：柳如是“从牧斋至南京，道出丹阳”。

《牧斋遗事》载：“宏光帝立，牧翁应召，柳夫人从之。”

《明季北略》记：“钱声色自娱，末路失节。既投阮大铖，而以其妾柳氏出为奉酒。阮赠以珠冠一顶，价值千金。钱命柳姬谢阮，且命移席近阮，其丑状令人欲呕。嗟乎！相鼠有体，钱胡独不闻之？”

《柳夫人事略》载：“清兵南下，江左一隅，岌岌可危。如是爱国心长，向牧斋探询意旨，万一清兵渡江，金陵沦陷，将如之何？牧斋言：‘设有不幸，文山好作我榜样，那时我难顾你。’如是云：‘我当以死报之。’”

《晚明史》记：“崇祯十七年（1644）三月十九日黎明，人马喧嘶，北京城中鼎沸，李自成的大部队进城。”“三月二十二日，太监在煤山发现思宗的遗体。”“五月十五日，福王在南京即皇帝位。”

《柳如是年谱》：弘光二年（1645），柳如是“留居南京”。

崇祯十七年、
清顺治元年甲申（1644），
柳如是二十七岁；
弘光元年、顺治二年乙酉（1645），
柳如是二十八岁。

崇祯十七年（1644）三月十九日黎明，北京城人马喧嘶。李自成率起义军攻陷京城，崇祯帝朱由检自缢煤山。

而江南三吴，仍沉浸在甲申春节的欢庆气氛中。秦淮旧院，西湖轻舟，笙歌燕舞，灯红酒绿。

柳如是正在绛云楼举行尚湖串月盛会，亲朋好友，聚集一堂，欢声笑语。突然管家急匆匆进来与钱牧斋耳语几句，只见他手里的酒杯落地，面色惨白，神色惊慌。如是忙询问缘故，钱牧斋说："流寇（李自成部）攻占了北京城，皇上自尽，大明亡了。"在座的宾客闻之，皆惊讶、悲痛，甚至掩面恸哭，唯那柳如是镇定自若，慨言道："那曹孟德乃一奸雄，尚知'投死为国，以义灭身'，匹夫者，当有此志。诸位皆是国家栋梁，'报国行赴难，古来皆共然’，诸位只有将血泪寄山河，洒东山一抔土！”

她先将手中杯酒洒地：“悼国君先赴国难，小女子奏琴，送皇上驾鹤西行。”其悲壮之气，令客人肃然。她命人摆琴，坐在桌前，套上银甲，取来拔子，试拨了几下，凝神静坐，弹了过门，一曲悲壮略带伤感的词曲，便在大厅中回荡起来：

千古江山，英雄无觅孙仲谋处。舞榭歌台，风流总被雨打风吹去。斜阳草树，寻常巷陌，人道寄奴曾住。想当年，金戈铁马，气吞万里如虎。

唱到此处，听者皆知是辛弃疾的《永遇乐·京口北固亭怀古》，于是众人随柳如是吟唱起来：

元嘉草草，封狼居胥，赢得仓皇北顾。四十三年，望中犹记，烽火扬州路。可堪回首，佛狸祠下，一片神鸦社鼓。凭谁问：廉颇老矣，尚能饭否？

歌罢，大厅一片寂静。此词用雄健之笔，召唤孙权、刘裕、廉颇等历史人物联翩而至，构成一幅纵横时空、场景变化多端的历史画面，抒写了诗人对于时局的无限感怀。这种悲慨，与来聚宴的士大夫和官吏们闻听大明灭亡时沉郁苍凉的心境十分吻合，不少人边唱边泣。

当然，在场的大儒们，谁又听不出柳如是的弦外之音呢？她分明以此词劝勉激励钱牧斋：正是你“感时思报国，拔剑起蒿莱”之时，“报国行赴难，古来皆共然”啊。

那钱牧斋自然懂得夫人的一片殷殷规劝之意，自己曾为尚书，现有国难，当然应“一生报国有万死，双鬓向人无再青”。当即便举起手中的酒杯，慨然吟道：

怒发冲冠，凭栏处，潇潇雨歇。抬望眼，仰天长啸，壮怀激烈。三十功名尘与土，八千里路云和月。莫等闲，白了少年头，空悲切。

靖康耻，犹未雪。臣子恨，何时灭？驾长车，踏破贺兰山缺。壮志饥餐胡虏肉，笑谈渴饮匈奴血。待从头，收拾旧山河，朝天阙。

士子们那久违的爱国激情和士大夫的血性喷涌而出，他们慷慨激昂地表示要承担起国家兴亡的重任。

从此，绛云楼变得寂静，往日钱、柳或吟花咏柳，或抚琴唱和，殆无虚日的日子，已无踪影。昔日，钱牧斋气骨苍峻，举止优雅，柳如是一头秀发，如芙蓉秋水，神仪妩媚，如今一个老态毕显，一个愁容满面。

五月的一天，忽有人来报，福王在南京即位称帝，诏令钱牧斋入朝履职。钱、柳大喜过望。

据《晚明史》载：思宗自缢之后，五月十五日，福王在南京即位，以明年为弘光元年(1645)。次日，马士英在未奉福王召见的情况下，擅自率领军队从江北抵达南京，随行的有一千二百艘船只，一派盛气凌人的架势。福王立刻召见马士英。马士英，乃万历进士，崇祯间任右佥都御史，因以公帑贿赂朝中权贵，被罢官。后流寓南京，与阉党分子阮大铖结帮，又为兵部侍郎兼右佥都御史。福王命他“掌兵部入阁办事”。支持马士英的官吏致书史可法，请史渡江北上，“欲其让士英，可法乃请督师江北以避之”。此时大权独揽的马士英，正设法排斥史可法。

马士英等毫无保国抗敌之心，他党同伐异，并企图为阉党翻案。他向福王推荐了阮大铖，希望福王“赦其前罪，即补兵部右侍郎”。福王接见了阮大铖，阮写了一本《孤忠被陷之由》奏疏，为自己翻案。在马士英的策动下，福王启用阮大铖,“着添注兵部右侍郎办事”。

阮大铖的复出意味着马士英为阉党翻案走出了第一步。为了彻底翻案，马士英想到昔日的东林领袖钱牧斋，他想让钱牧斋上疏,“以塞众议”。

十月，在马士英高官厚禄的利诱下，礼部尚书钱牧斋居然上《愚臣报国心长等事》奏疏，以东林领袖身份为阉党平反，钱牧斋这位晚明文坛盟主的风骨丧失殆尽，这让东林士子丢尽了颜面，并遭到世人的耻笑与鄙视。《明季北略》这样评价他：“钱声色自娱，末路失节。”而事情还没完，以阮大铖为首的阉党东山再起，打击东林、复社的风声也甚嚣尘上，这让钱谦益始料不及。

柳如是比钱牧斋清醒得多，她苦口婆心劝夫婿，万万不能走这条路，但早已被权力官位蒙了心的钱牧斋，哪里还听得进柳如是的规劝？

当然，柳如是在风月场如鱼得水，能让东林、复社两党领袖拜倒在其石榴裙下，但她并不了解官场的腐败和凶险，她对钱牧斋应召到南京上任的复杂性及钱在高官厚禄利诱下为阉党平反的严重性，并不是很清楚，于是便有了钱、柳的南京之行。所以钱牧斋说：“闲房病妇能忧国，却对辛盘叹羽书。”

要到南京，需乘船走运河，转入长江，然后逆行到南京，当然在途中也要走一段丹阳古道。

《牧斋遗事》这样叙述钱、柳的南京之行：“弘光僭立，牧翁应召，柳夫人从之，道出丹阳，同车携手。”

礼部尚书偕夫人出行，当端方得体。但在入南京城时，钱牧斋却偏偏让柳如是扮成昭君出塞的模样，冠上插雉之长尾，身着戎装，骑一头毛驴，他自己执鞭随其后，招摇过市，炫煌道路。他得意地对驴上的柳如是说：“夫人，此一幅昭君出塞图也！”

《牧斋遗事》在结尾时叹道：“吁！众口固可畏也。”

《明末纪事补遗》曰：“谦益之起也，以家姬为妻者柳如是自随，冠插雉尾，戎服骑入国门，如昭君出塞状，都人咸笑之。”接着此书便讲到钱牧斋为讨好并感谢阮大铖的提携，竟让自己的夫人柳如是为其奉酒。那阮大铖为收买钱牧斋，乃立赠柳如是珠冠，价值千金。钱牧斋命夫人致谢，让其移席与阮近坐。闻者绝倒。《明季北略》这样写道:“钱声色自娱，末路失节。既投阮大铖，而以其妾柳氏出为奉酒。阮赠以珠冠一顶，价值千金。钱令柳姬谢阮，且命移席近阮，其丑状令人欲呕，嗟乎！相鼠有体，钱胡独不之闻”，将钱牧斋的丑恶灵魂暴露无遗。

有性格、身上有清气的柳如是，在这种环境下随波逐流，是可以理解的。

在钱、柳入南京赴任之际，李自成的大顺军残部尚在不少地区掌权，而清兵正在进入山东北部。偏安于南京的福王虽登基称帝，但这个朝廷乃是一个先天不足的腐朽政权。福王极其无能，又不思朝廷安危，荒淫无道，许重熙的《明季甲乙两年汇略》中记有:“时上(指福王)深拱禁中，惟渔幼女，饮烧酒，杂伶官演戏为乐。”在此半壁江山旦夕不保、岌岌可危的形势下，皇帝、大臣竟然醉生梦死，一个个行为怪诞：皇帝奸淫幼女，嗜烈酒成性，整日与戏子厮混在一起；手握重权的阮大铖，督师长江，居然全副戏子打扮——“衣素蟒，围碧玉”，令士兵和民众瞠目结舌；钱牧斋命柳如是一入南京，就“戎服控马，插装雉尾，作昭君出塞状”……国家危难之时，朝廷之人没有为江山出生入死的雄心，更没有“眼底山河，楼头鼓角，都是英雄泪”的英雄气概。而阮大铖、马士英之流，党同伐异，卖官鬻爵，大搞钱权交易，朝廷上下，乌烟瘴气。忧国忧民的爱国之士对此痛心疾首：“大兵大礼皆倡优排演之场，欲国之不亡，安可得哉？”（夏完淳《续幸存录》）

陈子龙连连上疏直言：“中兴之主，莫不身先士卒，故能光复旧物，陛下入国门再旬矣，人情泄沓，无异升平之时，清歌漏舟之中，痛饮焚屋之下，臣诚不知所终矣！其始皆起于姑息一二武臣，以至凡百政令，皆因循遵养，臣深为寒心也。”（《明季甲乙两年汇略》）十三岁就爱慕陈子龙、只身上门求见的柳如是，大概没想到这位现任朝廷兵科给事中的情郎，目睹福王荒淫、阮大铖督师长江的丑态后的态度。但陈子龙是给了柳如是面子的，他并未就钱牧斋的行为说过只言片语。

不知道柳如是随钱牧斋进入南京后，是否与陈子龙有过接触。笔者推测，如此正气且有骨气的陈子龙，是不会与阮、马、钱之流沆瀣一气的，与柳如是也无法再续前缘。柳如是有何颜面再见昔日的陈郎?

时光匆逝,转眼间柳如是到南京近一年。

此间,崇祯皇太子引发了南明朝堂动荡,三月时清军大举南下,南京危在旦夕。福王方寸大乱,群臣商讨迁都之策,钱牧斋力言不可。

五月十日深夜,福王在太监与身边卫兵的簇拥下,出通济门,逃出南京,前往太平府避难。次日黎明,钱牧斋乘坐小呢轿路经马士英寓所门口,但见一片杂乱,不久那马士英身穿箭衣,头戴小帽,急匆匆出门,见钱牧斋下轿,忙拱手道:“诧异,诧异!我家有老母,不能随君殉国矣!”即由仆人牵马,乘马而去,全部马上装束的妇女多人、百余名家丁扬尘随后。据说,马士英一行人到了孝陵,他谎称其母是太后,诓骗守卫孝陵的兵卒护卫,先后逃往广德、安吉和杭州。

南京小王朝土崩瓦解。

钱牧斋回府,将马士英逃跑之状说与柳如是听,柳如是沉默片刻,问钱牧斋:“牧翁,马士英跟你讲了什么?”

钱牧斋说:“他说家有老母,不能与公殉国。”

柳如是心情沉重："马士英之流，自然不会以身殉国，但尚书公古贤道义，国家兴亡，匹夫有责。我还是向你进一言。想必尚书公还没忘记尚湖串月盛会，那日你一曲岳飞《满江红》，举座为之动容。现今国难当头，公为朝廷重臣，应站出来，为保卫社稷献身。公应率先振臂一呼，唤众人操戈与清兵死战，即便不能上战场，那求和求降的勾当，公是万万干不得的。"

钱牧斋听罢，垂头不语。他曾想过与清兵一战，但自己一介书生，又无一兵一卒，而史可法阁部和扬州官民与清兵血战的惨烈，也让他胆怯万分。主辱臣死，国亡臣殉，取义成大节，但他又无此胆魄和血性。他无法回答柳如是的诘问。

柳如是见钱牧斋一直沉默，她心里也矛盾，自钱牧斋投靠马士英、阮大铖，其东林领袖、江南文坛魁首的名节，早已大减成色，世人对他多有失望。柳如是曾幻想，钱牧斋投靠阉党只是贪恋官场地位，算不得大奸大恶之徒，一旦到了关乎江山社稷的重要关头，他定会有忠义之心。可柳如是万万没想到，他竟如此懦弱和无耻。

柳如是见钱牧斋一直不抬头，厉声道："妾再问尚书大人一句，是宜取义全大节，以副盛名，还是贪生怕死苟全性命？”

钱牧斋终于抬头了，小声道：“夫人，你已身怀六甲，难道你要让他成为无父的孤儿吗？”

柳如是绝望地向钱牧斋投去鄙夷的目光，似对钱牧斋，也似对自己说：“人谁不死？死国，忠义之大者。”说罢，忽转身便要向池塘跳下去，那钱牧斋拼了老命和秋菊一起拖住柳如是。

《牧斋遗事》记：“乙酉（1645）五月，柳夫人劝牧翁曰：‘是宜取义全大节，以副盛名。’牧翁有难色。柳奋身欲入池中，持之不得入。”

人是复杂的，这是钱牧斋的一面，而实事求是地讲，钱牧斋尚有另一面：他一直没有放弃保卫和复兴明王朝的雄心。

复任礼部尚书、参与朝政后，钱牧斋还是为保卫南明王朝做了一些努力的。比如，他曾想说服登莱巡抚，通过其疏请任登府，用舟师攻击清军。他想到了郑氏水师。

黄石斋《与郑将军书》里，有“朝廷思间道之奇，以霖寰翁节制登莱，与大将军共济。呼余皇，出旅顺，捣沈阳，此博熊取子之智，用之必效”之记载。

霖寰翁，即曾化龙，闽晋江人，万历戊午己未（1618—1619）联捷进士。后起补北兵部车驾司郎中，督学粤东。曾摄海道，平刘香之乱，上功第一。“乙亥崇祯八年四月丁亥，总督两广熊文灿奏福建游击郑芝龙合广兵击刘香于田尾远洋。香势蹙，自焚溺。”（《国榷》卷九四）。

《明季北略》中“郑芝龙击刘香老”条也记录了击刘香之战：“崇祯六年，海盗刘香老犯长乐。甲戌四月，又寇海丰。乙亥四月，芝龙合粤兵击刘香于田尾远洋，香势蹙，自焚溺死。”

一开始，钱牧斋与郑芝龙之间多是文字应酬，不能像曾化龙那样可指挥郑芝龙。到了南明福王时，长江以北受李自成、张献忠控制，福王的水军多收缩到南京周围，图偏安之局。

郑芝龙何许人？《明季北略》记：“初，芝龙为海盗。崇祯元年五月，招之。九月，芝龙降于巡抚熊文灿，授以游击。十三年八月，加芝龙总兵。芝龙既俘刘香，海氛颇息。因以海利交通朝贵，浸以大显。”

钱牧斋后与郑芝龙交好，有七律《郑大将军生日》为证：

戟门瑞霭接青冥，海气营云拥将星。
荷鼓光芒朝北斗，握奇壁垒镇南溟。
扶桑晓日悬弧矢，析木长风送柝铃。
荡寇灭奴须及早，伫看铜柱勒新铭。

《台湾郑氏始末》：“福王立于南京，以明年为弘光元年。封芝龙南安伯，镇福建……芝龙遣兵卫南京。”

《东南纪事》：“(郑成功)福王时入国子监，师礼钱谦益。”

《行朝录》：“闻钱谦益之名，执贽为弟子。谦益字之曰‘大木’。”

记载合于时，因弘光立于江南，郑氏遣兵护卫南京。此时郑芝龙之子郑成功二十一岁，执贽于牧斋之门。

综上所述，在北京倾覆之前，钱牧斋与郑芝龙实有交往，而郑成功在福王继立之后，拜钱牧斋为师。有了这层关系，在弘光政权灭亡后，钱牧斋和柳如是志图光复，便可能寄希望于郑氏父子。

第七章

柳夫人至海上犒师

《柳如是年谱》:

"江阴黄毓祺起兵，柳夫人至海上犒师。"

《牧斋年谱》:

"丁亥三月晦日，牧翁被逮。[1]

河东君冒死从行，誓上书代死，否则从死。"

1 此事应当发生在顺治五年（1648）。陈寅恪认为这是钱谦益自己记错了时间，很多文献照抄错误。

顺治四年丁亥(1647)，柳如是三十岁。

清军是乘南明各派势力闹得乱哄哄，毫无能力抵抗之五月十五日，由豫亲王多铎带领进入南京城的。当日，多铎与南朝投降欢迎的官员们席地而坐，同酌共饮，并邀明太子坐于自己右侧。

不久，多铎命令降清的总兵刘良佐前往芜湖的黄得功军营，捉拿逃亡的福王。刘良佐从命，追到黄得功的军营。黄得功中箭后拔剑自刎，刘良佐押福王于五月二十五日回南京复命。那荒淫无度又无能的福王，被塞进一顶无幔小轿，头蒙缁素帕，身穿蓝布衣，以油扇掩面，委委琐琐，毫无昔日的威风。路旁百姓高声唾骂这个亡国之君，甚至有人投掷瓦砾。不久，福王被押往北京处死。

清军一路南下，但反清的斗争从未停止，史可法率明军残部与清军血战扬州之后，刘泽清在淮安阻击清兵，后又乘船到海上坚持抗清，京口(镇江的古称)的水师及明军也奋力阻止清军渡江……

南明覆灭前后，各地的明朝正规军土崩瓦解，但局部的抗清一直没有停止。

自明末魏阉掌权，天下大乱，如是便常对人说：“王纲解纽，中原鼎沸，正需大英雄出而戡乱御侮，应如谢东山（谢安）运筹却敌，不可如陶靖节（陶渊明）亮节高风。如我身为男子，必当救亡图存，以身报国。”

一日，如是上街，遇一陌生男子向其乞食，此人身体魁梧，声若洪钟。如是得知其是黄衫虬髯之流，故请以酒食。一日傍晚，如是外出归家，途遇无赖拦路抢劫，得上次乞食男子相救，遂邀其至家，知其姓石名达，乘机激励，嘱其立功于疆场。石达当即表示要振作精神，为国效力。在黄毓祺介绍下，石达得以在左良玉麾下立功。

不久，黄毓祺在海上起义抗清，他命石达到虞山与钱牧斋、柳如是商议，以策进之。虞山与江阴毗连，钱牧斋正有事要接洽，遂命如是至海上犒师。牧斋罗掘所有，得银五千两，交如是。如是又将私蓄拿出，凑齐万金，化装成男子，连夜携款离家。石达引如是见黄毓祺，如是尽将财物犒师，军心更为振奋。牧斋、如是朝夕盼兮，希望义师再临，却天不遂人愿，海上飓风陡作，舟师全覆。

黄毓祺，江阴月城人，字介子，号大愚，天启元年(1621)恩贡生。崇祯年间与缪尊素成立江上九子社，主张“广开言路，行改良，正朝政”。明末闭门读书，长斋事佛。弘光元年，即1645年，因清令民剃发，江阴人发动反清运动，他与友人参将张宿、上舍程璧诸人，歃血为盟，共同拒守。八月，清军兵临城下，守城无望，遂潜出城，谋请兵于镇南伯，未果，乃匿迹于月城。黄毓祺隐居于城南黄梅别墅，他将古梅禅院的佛像移到别墅内，更名别墅为黄梅禅院。顺治三年(1646)八月，黄毓祺重修祖坟后，与诸生徐趋等人，约定十五日夜，杀入清兵把守的兵备道衙门，计划据守江阴。但先发的徐趋出战即败，黄毓祺便渡海而走。顺治四年(1647)正月，黄毓祺暗中组织船只近千艘，在舟山海上起兵，准备夺回常州。

正在此时，柳如是率数船抵舟山，将粮肉等物资献给黄毓祺领导的义军。柳如是戎装现身，令早闻其大名的黄毓祺惊喜不已，女子尚且“感时思报国，拔剑起蒿莱”，堂堂七尺男儿又怎能不“捐躯赴国难，视死忽如归”？义军见状，群情振奋。

柳如是乘舟归去之后，义军起锚前往崇明，孰料途中飓风大作，波浪滔天，船只大多被摧毁沉没，黄毓祺所乘之船也被掀翻，赖兵勇石政浪里救出，负之上船。残存船只和几百义军屯于武进白土地方。之后义军英勇杀敌，围攻常州城，放火烧北门，攻到知府衙门，无奈寡不敌众，苦战半日，惨败而逃。黄毓祺只得易名，破衣敝履，乞食于市，流浪于常州、苏州和浙江各地，但抗清复明之志不减。

顺治五年(1648)，黄毓祺行至淮上，在薛继周家坐馆，四月遭人出卖被捕。清军从其身上搜出印信诗词，下海陵狱，狱中受尽酷肆拷掠。狱吏问："若欲何为？"回曰："求一死耳！"并在狱中作诗曰：

剑树刀山掉臂过，长伸两脚自为摩。
三千善逝原非佛，百万波旬岂是魔！
潦倒不妨天亦醉，掀翻一任水生波。
夜来梦作修罗手，其奈双丸忽跳何。

永历三年(1649)己丑，黄毓祺死于狱中，据说还遭戮尸，其时年七十有一。地方人士钦其一生忠义，葬于月城吴家村西，曾私谥其号为“文烈”，并供奉于月城古梅禅院。

黄毓祺有些才华，在逃亡过程中曾写了很多反清的诗词，还写了一篇“伐清檄文”，激情澎湃，据说集结在永历政权下的很多人，都是受了黄毓祺这篇檄文的影响。黄毓祺案可谓是清朝早期的“文字狱”之一。黄毓祺原本并未受到南京朝廷的任命和派遣，而是伪造了文书，私刻了印章，自称总督。

“凤阳巡抚陈之龙疏奏：擒伪总督黄毓祺并家人袁五，搜获铜印一颗、反诗一本。供出江北窝党薛继周等，江南王觉生、钱谦益、许见元等。”（《东华录》）

《清史列传 · 陈之龙传》云：“五年，奏擒奸人黄毓祺于通州法宝寺，获伪印及悖逆诗词。原任礼部侍郎钱谦益，曾留毓祺宿，且许助资招兵。”

就在黄毓祺被捕之后，钱牧斋也因“留毓祺宿”受到牵连，被押至南京。“不能御敌，纵兵淫掠”的降清的凤阳巡抚陈之龙，抗击清兵不力，打压抗清义士却很卖力。为了向清廷表忠心，陈之龙不但拘捕了抗清的黄毓祺，还上书清廷将反诗案扩大化，牵出了钱牧斋，并挖出钱牧斋暗中资助抗清义军的事情。本是同根生相煎何太急！

柳如是虽然一直对钱牧斋不肯“捐躯赴国难”的懦弱不满，但此刻她站在了丈夫一边，以“冒死从行，誓上书代死，否则从死”的豪气，救助夫婿。“戎装变服，挟一骑护之。”

顾苓在《河东君小传》中，这样描写柳如是的果敢勇毅：

> 丁亥三月，捕宗伯亟，君挈一囊，从刀头剑铓中，牧圉饘橐惟谨。事解，宗伯和苏子瞻《御史台寄妻》韵，赋诗美之，至云：“从行赴难有贤妻。”

钱牧斋在《和东坡西台诗韵序》中云：

> 丁亥三月晦日，晨兴礼佛，忽被急征。锒铛拖曳，命在漏刻。河东夫人沉疴卧蓐，蹶然而起，冒死从行，誓上书代死，否则从死。慷慨首涂，无剌剌可怜之语。余亦赖以自壮焉。狱急时，次东坡《御史台寄妻》诗，以当诀别。狱中遏纸笔，临风暗诵，饮泣而已。生

> 还之后，寻绎遗忘，尚存六章。值君三十设悦之辰，长筵初启，引满放歌，以博如皋之一笑，并以传示同声，求属和焉。

从上面的引文中，我们看到了一位“纵死犹闻侠骨香”的奇女子柳如是。当时的“秦淮八艳”还有李香君、卞玉京等人，哪个佳丽，在亲人危难之时，能有“义死不避斧钺之诛”的这种侠骨豪气？而“为人短小”的柳如是就这样英姿勃勃地呈现在我们面前。她不仅毫不客气地与士大夫平起平坐，蔑视一切不平，大胆挑战封建礼法，在家国危难之际，她一个弱女子，位卑却未敢忘忧国，“身在江海上，云连京国深”。

写到这里，笔者便想起了很多关于柳如是的野史。比如说，柳如是养了许多面首，随时更换，厌倦了便驱赶或杀戮。还说柳如是的一个相好被投进了监狱，钱牧斋深感不安，便花钱将其买了出来，以讨柳如是喜欢，云云。

传说，古便有之,《史记》亦如是。此体裁乃取一历史人物，通过其人生经历、命运及其社会关系来透视广阔的社会历史全景。撰写者的地位、经历、见识、才情决定传记之文野之质量，正经内容之外，生动有趣的人性偏爱的野史也出现了。给名妓柳如是添些“作料”，并不奇怪。好在大师陈寅恪以大量考证，为柳如是正了名。

再回过头说说钱牧斋案，据《清史列传·钱谦益传》载：

> 谦益至江宁诉辩：“前此供职内院，邀沐恩荣，图报不遑，况年已七十，奄奄余息，动履借人扶掖，岂有他念！”哀吁问官，乞开脱。会首告谦益，从逆之盛名儒逃匿不赴质，毓祺病死狱中，乃以谦益与毓祺素不相识定谳。马国柱因疏言：“谦益以内院大臣归老山林，子侄三人新列科目，必不丧心负恩。”于是得释归。

经柳如是全力奔走，营救斡旋，钱牧斋才得以免祸。柳如是迎其出狱，钱牧斋执如是手，老泪纵横。出狱后，钱牧斋仍受到管制，寄寓在苏州拙政园。柳如是义薄云天的救夫故事，给动乱的南国，平添了些许温暖的气息，也让士林重新审视这位奇女子。

在黄毓祺海上抗清之际，扬州义军也投入到抗清斗争之中。

义军首领乃吴江人吴易，字日生，崇祯十六年（1643）进士。史阁部督师扬州时，题授他职方主事，留之监军。吴易奉调出扬州征饷，尚未来得及返回扬州，清军已将扬州包围。他与举人孙兆奎一道揭竿起义，屯兵长白荡，在太湖、三泖与清军作战。

陈子龙也在松江起义，与吴易经常秘密往还，共同商议抗清之策。陈、吴两支义军，一起在太湖练水师。清军渡江前夕，陈子龙又与吴易共同研究保卫南都之计。不料福王被清军俘获的消息传来，接着传来阮大铖与豫亲王多铎暗中勾结，欲将南京拱手相送。在这危难时刻，陈子龙、吴易都想到了尚书钱牧斋，他们希望这位在朝野享有盛誉的文坛领袖，能在国难当头的时刻挺身而出，利用他的影响力，在朝廷对马、阮之流的投降勾当进行牵制，保住江南半壁江山。经商议，他们决定派人去南京面见钱牧斋。临行时，陈子龙嘱咐此人到了钱府，先见钱牧斋的夫人柳如是，将这里的情况告知她。

派去的人刚到京口，即见京口已落入清军之手，并将南京团团围住。该传信者按照陈子龙的交代，深夜乘小扁舟渡到后湖，终于见到柳如是，正巧看到柳如是劝钱牧斋自尽以保住名声的那一幕。传信者将陈子龙的话转告给柳如是，柳如是闻之，即从悲哀绝望中挣脱出来，似是自语:“国破家亡时刻，有的人偷生，有的人投死为国，以义灭身。”然后对来人说:“天色已晚，我让仆人安排夜饭，你好生休息，有些事情明天再议。”

让仆人引导客人走后，柳如是陷入了沉思。

往事如流水般从心头淌过，陈卧子的影像在脑海中突然变得清晰。十三岁与之相识，前往白龙潭寻诗觅句，在陈家一盏如画油灯下夜话，自心口溢出的震颤心弦的情诗……为了无望的爱，柳如是几乎耗尽了全部青春，在无奈的期待都落空之后，她最终选择了钱牧斋。国难当头之时，还是卧子有骨气,“眼底江山，楼头鼓角，都是英雄泪”,“壮岁旌旗拥万夫，锦襜突骑渡江初”，卧子挺身而出，不愧好男儿……

柳如是回到书房，坐在案前，研墨润笔，写道:

灯昏月底更伤神，马埒随风夜拂尘。
杨柳已成初雁恨，桃花犹作未莺春。
青骢点点余新迹，红泪年年属旧人。
芳草还能邀风吹，相思何异洛桥津。

这首旧诗是收在《湖上草》中的《西陵十首》的第二首，是当年写给卧子的情诗。

第二天，柳如是将写好的诗，装入一竹筒中封好，在与客人告别时交给他说：“请你将你所见到的都告诉陈大人，把竹筒也一并交给大人。如是等待凯旋的消息。”

望着远去的客人，柳如是的心似乎也随着竹筒而去，她的眼睛有些模糊。

客人走后，柳如是去找钱牧斋，希望他能在朝廷尽力阻止马、阮投敌之事，钱牧斋低头不语。

那位传信人，带着柳如是的嘱托及竹筒，千难万险地赶回金山复命，此时正是八月初秋，清兵已攻进金山。守城者侯承祖因马失蹄被擒获杀害，其头颅被悬于城门示众。陈子龙虎口脱险，幸免一死，却下落不明。

消息如秋风中的落叶，很快吹到刚产下一女婴的柳如是那里。柳如是闻之，挣扎而起，命秋菊取出陈子龙昔日写给她的书条，挂在条案后的墙上。柳如是净手，点上香插在宣德炉里，然后向西长跪，秋菊自是懂得主子的心意，也只好陪着垂泪。

产后虚弱的柳如是在袅袅香烟中，以头抢地，悲怆地叫道："子龙兄……"便晕厥了过去。

婴儿被吵醒，啼哭声在夜空中回荡……

此后，柳如是度日如年，直到一日顾苓到访。顾苓，字云美，钱牧斋门生，其后所写《河东君小传》广为流传。

秋菊将客人引到小客厅。不久，柳如是微笑着到客厅见顾苓。

顾苓一见柳如是，心中一怔，一年多不见，柳如是在一连串的打击下，憔悴了许多。

顾苓道："夫人，别来可好？"

柳如是说："云美兄能来看我，格外高兴。但亡国之人，何好之有？"

顾苓表情沉重地说道："国难当头，学生无力救国难，愧为男儿啊。"后长叹一声，"座师可好？"

柳如是不愿提到钱牧斋，便说："对于外界事，我孤陋寡闻，还请云美谈谈国家大事吧。”

于是顾苓说起嘉定屠城。弘光元年（1645）七月，叛将李成栋下令屠城，磨刀霍霍，人头滚滚，尸陈街巷，血流成河。李成栋抢劫民船三百余只，满载所掠金帛、女子、牛马猪羊驶往太仓。顾苓随后又讲江阴屠城之事。七月，清军攻城，典史阎应元率军民固守，屡败清军，击毙清军两个都督，多位总兵。清军再调三万兵马猛攻，清军传书劝降，江阴军民以“愿受炮打，宁死不降”相答……

顾苓讲道：“八月十五日，江阴军民登城赏月，高唱‘宜兴人一把枪，无锡人团团一股香……江阴人打仗八十余日，宁死不投降！’”

仇和恨、悲和喜，柳如是的心饱受煎熬。最后，顾苓才说到此次他专程从苏州到访虞山的目的。

顾苓从南京回到苏州后，就秘密参与了陈子龙水师的活动。水师战败后，他仍不甘心当顺民，便想方设法寻找抗清复明的机会，于是想到了钱牧斋。

柳如是不知如何回复，只和顾苓约定，一有消息会立即差人告知。

第八章

绛云楼灾，移居红豆庄

《牧斋遗事》：

“国朝录用前朝耆旧，牧翁赴召。

旋罣吏议，放还，由此益专吟咏。”

《钱氏家变录》：

“孝女揭云，母归我父九载，方生氏。

母命不辰，止有一女。”

《牧斋遗事》：

“庚寅，绛云楼灾，钱携柳移居于红豆庄。”

顺治五年戊子(1648)**，**
柳如是三十一岁。
顺治六年己丑(1649)**，**
柳如是三十二岁。
顺治七年庚寅(1650)**，**
柳如是三十三岁。
顺治十三年丙申(1656)**，**
柳如是三十九岁。

清兵攻占北京后，逐步控制了明朝的大部分疆土，明朝遗民反清的斗争十分激烈。清政府为巩固政权，礼葬崇祯皇帝后，采用破格用降吏和保留汉人服制等措施，分化汉族旧官吏。同时发布赦免罪犯、蠲免粮饷等项告示，企图缓和遗民的抗清情绪。然而，在清初的四十年里，反清斗争仍此起彼伏，“扬州十日，嘉定三屠”便是清廷镇压明遗民反清的惨痛事件。

一向贪恋权势和官位的钱牧斋，乘清廷录用前朝耆旧之际，赴北京应召，旋被罢吏议，放还。自讨没趣，羞愧而归，钱牧斋从此罢了再进官场的念头，“益专吟咏”。

如是却心中暗喜：一位明朝尚书屈尊到清廷乞官，原本就是丢人现眼之举，碰一鼻子灰，也便死心安分了。如是侍其左右，一起读书咏诗。常有挟著述请教之客，杂沓而至，几无虚日。牧斋或倦于见客，如是便参与应酬。

那如是虽年过三十，但依然俏丽，常常或貂冠锦靴，或羽衣霞帔。对谈时，才思如清泉涌流，雄谈阔论，来客为之折服，为之倾倒。有客当答拜者，则乘肩舆，代牧斋过访，即事拈题，共相唱和，竟日盘桓。而钱牧斋殊不芥蒂，常说：“此吾高弟，亦良记室也。”也戏称如是为“儒士”。

己丑年(1649)，柳如是三十二岁，生女。她在《依韵奉和牧翁〈人日示内〉二首》中云：

春风习习转江城，人日于人倍有情。
帖胜似能欺舞燕，妆花真欲坐流莺。
银幡因戴忻多福，金剪侬收喜罢兵。

47 新月半轮灯乍穗，为君酹酒祝长庚。

佛日初辉人日沉，彩旛清晓供珠林。
地于劫外风光近，人在花前笑语深。
洗罢新松看沁雪，行残旧药写《来禽》。
香灯绣阁春常好，不唱卿家《缓缓吟》。

由诗可见，牧斋和如是在绛云楼的这段时光还是惬意的。

自如是牧斋入住绛云楼，相得甚欢，题花咏柳，殆无虚日。每当牧斋句就，遣鬟矜示柳。击钵之顷，蛮笺已至，风追电蹑，未尝肯寸步以让。牧斋气骨苍峻，虬松百尺，如是未能到；然如是幽艳秀发，如芙蓉秋水，自然娟媚。老夫少妻，何等欢愉！

到了顺治七年庚寅（1650）初冬，绛云楼这座文化艺术殿堂，忽然被大火吞噬，化为一片瓦砾尘土。可怜秋菊冲进火海去救柳如是，被大火吞没，此事令柳如是心痛不已。顾苓《河东君小传》中，只有寥寥几句记其事：“庚寅冬，绛云楼不戒于火，延及半野堂，向之图书玩好略尽矣。”

牧斋《有学集》有《书〈夏五集〉后示河东君》诗，以“诗卷丛残芒角在，绿窗剪烛与君论”之句轻描淡写地记述了绛云楼火灾，而柳如是的诗中似乎更是只字未提此事。

绛云楼火灾，应是柳如是在征得钱牧斋同意后，亲手所为。

受黄毓祺海上抗清案件牵连，丁亥三月晦日，钱牧斋被逮捕入狱。柳如是冒死从行，倾家营救，行贿权要。于是便有人想尽各种办法，乘机向家缠万贯的钱家索贿，绛云楼的珍宝就成了他们的目标。

有人以借阅为名，从绛云楼拿走宋版古书；有人以研究为由，将秦鼎从绛云楼搬至其家，这些物件从此便犹如泥牛入海，再无消息。更可怕的是，钱牧斋的政治宿敌也利用这些珍宝做文章，落井下石，比如钱牧斋为支援黄毓祺海上抗清而变卖的绛云楼古董被有心人利用，向朝廷检举揭发，企图加重其罪责。钱牧斋再次被逮捕入狱。

这些事情，钱牧斋和柳如是自然心知肚明，他们不禁犯起了踌躇。

一夜，柳如是和钱牧斋在绛云楼唱和诗词，至深夜，人去楼静，柳如是对钱牧斋说：“牧翁，绛云楼成了是非之地，总感到有祸潜伏。”

钱牧斋道：“夫人所言极是，世外桃源已变成刀斧之山。你有何良策？”

柳如是说：“想必牧翁也有妙法，我们不妨各自写在手上，如何？”

二人各自提笔写了，两人的手心赫然皆是一“火”字。柳如是凄然一笑：“安危相易，祸福相生。”

钱牧斋两眼泪光闪烁：“福不可邀，祸不可避。请夫人动手吧。”说完，颓然向古书架走去，向柳如是要了钥匙，抖索着打开紫檀书箱的锁，取出书册，搂在怀里，再取几册，拎起袍襟兜着，如醉汉般，跌跌撞撞向楼梯走去……

二更梆声已过，绛云楼内外一派寂静，其他房舍的灯光渐渐熄灭。柳如是从壁龛里取出一只纱灯，沿着楼梯轻巧地进了皮藏间，她举着灯，看着那一排排的插满象牙笺的线装古书，泪如雨下。

在柳如是看来，书籍是读书人的精神食粮和生命，绛云楼里收藏的所有书她都抚摸过，在她心里都有一席位置。没有书籍的哺育和滋养，就没有她的满腹才情和锦绣肝肠，没有她不输男儿的抱负和胸襟，没有她独立的性格和自由的思想。她爱书如命，她当然知道，绛云楼是钱牧斋为自己建造的，庋藏的几万卷古书和无数的珍宝是钱牧斋赠给她最珍贵的、与她最匹配的礼物，是江左儒士们仰望的宝库。入绛云楼，被儒士们视为一种身份象征和荣耀，这里经常学者云集，满堂韵事，“谈欢则字与笑并，论戚则声共泣偕”，“声转于吻，玲玲如振玉；辞靡于耳，累累如贯珠”。如是也每每在此高谈阔论，“敏捷诗千首，飘零酒一杯”。她在这里度过了生命中最为光辉快乐的岁月，留下了许多难以忘怀的记忆……

现在，这里的一切，将在自己的手里化为灰烬，她心如刀割，痛苦猛烈地撞击着她的心。她几乎是下意识地从书架上掏出几册她喜欢的书，放在桌上。

更鼓，在黑夜里响起。她贪婪而温柔地抚摸着一排排的书，在微弱的灯光下注视这些静静陈列的古书。

突然，她有一种把它们拖向刑场的罪恶感：“请饶恕我吧，请饶恕我，倘若你们有灵魂，我求你们宽恕我的罪过，你们是我的骨肉呀……”

举着灯的手缓缓松开，灯火落在一堆书上，柳如是猛地扑过去，想扑灭火焰，但为时已晚，浇上灯油的书，腾起一团火焰，开始向四周蔓延。

秋菊见绛云楼突然起火，柳如是似是没有出来，便奋力冲进火海想去营救如是。如是抱着一摞书跑回女儿的房间，女儿还在沉睡，她双手捂着脸，浑身颤抖，泪水无助地从手缝中淌下……如是突闻秋菊为救自己闯入火海，但再未出来，崩溃大哭起来。

忽然，屋外传出一声轰然巨响，那是绛云楼主梁塌下的声音，升腾的火焰，将纸窗映照通红，钱牧斋推门进屋，跌坐在地上，他和柳如是痴痴地望着窗外的漫天烈火。

绛云楼在燃烧中化为灰烬。

柳如是紧握着钱牧斋的手，颤抖着说：“牧翁，我毁了绛云楼，又让秋菊无辜殒命，我有罪啊……”

钱牧斋也放声痛哭起来，那哀鸣在夜空中凄冷地飘荡着。

柳如是的目光呆滞，她似乎看到那无数册古书正在火焰中惊诧地、哀怨地、愤怒地瞪着她。柳如是长跪在地上，俯身垂目，不敢回视，似是在愧疚地祭奠这些无辜的灵魂，她在心中默念：如是愧对你们，只能用这种方式为你们奉献一炷心香……

从深夜到天明，钱家一众仆人家丁眼睁睁看着绛云楼在烈火中劈劈剥剥地化为灰烬。黎明之际，钱牧斋和夫人柳如是双双跪在废墟前，哭着说：“饶恕我们吧……”

绛云楼一夜间由文化宝库化为一堆瓦砾，震撼了江南，一片惋惜和叹息之声。人们都在猜测失火的原因。当地的知县曾有幸参观过绛云楼，绛云楼的藏书之丰富让他惊叹不已。绛云楼毁于大火，他觉得蹊跷，于是派人查问，钱牧斋和钱家的仆人皆说乃半夜起火，大约是因灯烛使用不慎所致。知县本人也曾前去查看，却没有发现纵火痕迹，此事也就不了了之了。

绛云楼焚毁，那些曾打算用绛云楼整垮钱牧斋的人，又窃喜又遗憾。

绛云楼这场大火，也让钱牧斋的原配陈夫人在惊吓中猝然离世。

据《牧斋遗事》记载：绛云楼火灾后，钱牧斋携柳如是移居于红豆庄。

红豆庄，原名芙蓉庄，是钱牧斋外家顾氏的产业。元初，顾氏先祖顾细二被赵孟頫举荐任海漕万户，其作为宋遗民，不愿仕元，以气节闻名。顾细二后从浙江迁到常熟，顾家自此在常熟扎根，种田隐居。顾立创建了芙蓉庄，后因在山庄种了两株红豆树，亦以碧梧红豆庄名之。钱牧斋、柳如是入住碧梧红豆庄后，“红豆山庄”之名开始闻名东南。红豆山庄依山傍水，风景宜人。每逢良辰胜景，钱牧斋与柳如是便放舟湖上，好不自在。

钱牧斋、柳如是入住红豆山庄后，不久便得到东南沿海抗清义军和永历小朝廷的消息，钱牧斋也给永历帝上书（《上永历帝中兴机会疏》），其学生、东阁大学士瞿式耜得书后，向永历帝美言：“（钱牧斋）身在虏中，未尝须臾不念本朝，而规划形势，了如指掌，绰有成算”，“忠躯义感溢于楮墨之间”。钱牧斋暮年仍对复兴明朝满怀希望，遂赋诗《人日示内二首》，送给柳如是。

梦华乐事满春城，今日凄凉故国情。
花嫆旧枝空帖燕，柳燔新火不藏莺。
银幡头上冲愁阵，柏叶尊前放酒兵。
凭仗闺中刀尺好，剪裁春色报先庚。

灵辰不共劫灰沉，人日人情泥故林。
黄口弄音娇语涩，绿窗停梵佛香深。

图花却喜同心蒂，学鸟应师共命禽。
梦向南枝每西笑，与君行坐数沉吟。

柳如是读后，被钱牧斋东京梦华之情深深触动，即和诗《依韵奉和牧翁〈人日示内〉二首》。

但永历小朝廷弱如草芥，永历帝和鲁王还为帝位争斗不止。永历五年，即顺治八年（1651），鲁王的根据地舟山遭清军血洗，鲁王不得不在张煌言等人的护送下投靠郑成功，被郑成功安置在金门。

抗清力量一再折损，钱牧斋、柳如是有些灰心丧气。

第九章

自芙蓉庄泛舟拂水

《有学集》有《至日作家书题二绝句》云：

“至日裁书报孟光，封题冻笔蘸冰霜。

梅檀灯下如相念，但读《楞严》莫断肠。”

《有学集》：

“孟冬十六日，偕河东君自芙蓉庄泛舟拂水，瞻拜先茔。”

《牧斋遗事》：

“柳夫人生一女，嫁无锡赵编修之子玉森。

柳以爱女故，招婿至虞，同居于红豆庄。”

顺治十四年丁酉（1657）
柳如是四十岁，
至顺治十八辛丑（1661）
柳如是四十四岁。

丁酉年（1657），钱牧斋曾有诗记其与柳如是在红豆庄的生活：

> 松火柴门红豆庄，稚孙娇女共扶床。
> 金陵无物堪将寄，分与长干宝塔光。

柳如是时年四十岁，女儿已八岁，院中“红豆树大合抱”，遮天蔽日。次岁戊戌年（1658）中秋日，钱牧斋张罗酿制的美酒告成，戏作《采花酿酒歌示河东君》。柳如是善饮，程嘉燧的《朝云诗》中有“拣得露芽纤手瀹，悬知爱酒不嫌茶”之句便是证据。柳如是不仅善饮，还善酿。《牧斋尺牍·与侯月鹭》中记有：“秋间欲得洞庭葡萄酿酒，苦不能得其熟候。彼时得多饷，以酬润笔。知不厌其贪也。内子辱深念，并此驰谢。”钱、柳二人夫唱妇随，同研同乐。

孟冬（十月）十六日，钱牧斋偕河东君自芙蓉庄泛舟拂水，瞻拜祖先。

出游拂水，见石涧流泉，清冽澄洁。钱牧斋索性脱去鞋袜，赤足濯水，不胜欢愉。柳如是见状，笑道：“此清渠水，岂秦淮河耶？”这等刻薄贬损，钱牧斋面有愆容。

拂水山庄在西郭锦峰之麓，乃钱家别业，其侧有钱家先人茔。山庄内有耦耕堂、秋水阁等。此次偕柳如是偶来，已是深秋，山庄最好的时节乃是和风拂面、梅花将绽之时。坐小舟而来，令僮子击鼓舟中，音节清越，谓之“催花信”。

岁月如拂水，不知不觉就流走了春秋。

戊戌（1658）冬，在大雪封山前，钱牧斋从徽州赶回了芙蓉庄。夫妻二人坐在客厅的炭火盆前，凝望着被厚厚的白雪覆盖的山川，万物静谧，唯有那流淌不息的白茆河，仍静静地蜿蜒前行。柳如是笑道：“天公作美，瑞雪送牧翁回家。”

钱牧斋双手靠近烧得正旺的炭盆，回首说道：“老天助我也！”

柳如是亲自下厨，弄了几样小菜，温上一坛花雕，还让仆人多点上几支红烛。

二人对桌而坐。柳如是知钱牧斋此行艰辛，便先端起酒杯，笑道：“牧翁，辛苦了！”

钱牧斋也端起酒盏，说道：“还是夫人有远见，此次联络义军，收获甚大，不虚此行。‘一树珑松玉刻成，飘廊点地色轻轻’，正应今夜之景。”

柳如是道：“下一句‘女冠夜觅香来处，唯见阶前碎月明’，‘唯见阶前碎月明’可改为‘唯见瑞雪玉苍龙’。”

正说着，仆人进来禀报：“老爷，夫人，有客来访。”并说此人这几天总在山庄外转悠。自从钱牧斋称疾乞归，后又卷入黄毓祺案后，松江的官员一直在监察钱牧斋的情况，钱牧斋也约莫知道此事，所以他并不意外。钱牧斋让仆人请客人入屋。

不多时，一个管家打扮的人披着一身雪，满脸谄笑地走进来。柳如是转身进了内室。

这人一进门就忙着向钱牧斋施礼：“太史公，真是久违了。”

钱牧斋只是欠了欠身:“大雪封山，难得有客来访。”然后对仆人说,“看茶。”

来人说道:“小人受抚台大人所遣，来问候太史公。”

钱牧斋回道:“老朽身体康健，深谢抚台大人美意。”

此人说道:“太史公，游历山川切莫累坏了贵体。”

钱牧斋听出了弦外之音，笑曰:“老夫上了年纪，故而怀旧，对山川名胜自有惜念之情。”

“太史公，外间因大人不好好在家养息，却游山玩水，多有非议。”

早在南京狱中，钱牧斋就看清了这些人的嘴脸，但眼下也不必撕破其面皮，便说:“老夫偷闲余生，乐于山水之间，有何非议？君子坦坦荡荡，身正何畏影斜？”

“抚台大人处处为太史公的安危着想，特遣小人来向太史公递个消息。”

钱牧斋一笑:“老夫洗耳恭听。”

“县台曾密报说，有人揭发太史公借游山玩水之名，图谋反叛。抚台大人欲为太史公开脱，但苦于不了解实情，特遣小人来了解情况，以便妥善处置。”

钱牧斋心里明白，这是有人企图栽赃陷害，便愤然站起，怒斥道：“自古文人多喜游历名胜古迹，探亲访友；老夫如是，却成了图谋反叛？这纯属诬陷。”

“太史公莫怒，请听小人把话说完。据说知县手里还有太史公两封信札呢。”

钱牧斋在遣词造句上向来谨慎，但仍难以逃脱灾厄，前不久受黄毓祺案牵连的遭遇，至今让他胆寒……

正当来人得意之时，柳如是掀起门帘，神态自若，甚至带些威严之色，走进来将一大摞书信递到钱牧斋手中，说：“牧翁，是要这些信札吗？”

钱牧斋一下子愣住了，但见皆是当朝达官显贵给他的求文书，猛然明白了柳如是的用意。他遂把这些书信放到来人面前：“我与诸位大人的通信太多了，这里还有很多信札，如果需要，烦请将这些也带给御史大人。”

来人扫了一眼信札，发现竟是洪承畴、马进宝、梁慎可诸公的亲笔信。看来，钱牧斋与当政官员有些关系，需得谨慎行事。这个老练狡诈之徒，为掩饰窘迫，忙连声叫道：“太史公这是哪里的话，小人怎敢如此。请收起，请收起。”

柳如是坚持让他把书札带走：“还是带走交差去吧。

无非再让尚书致函各位大人说明原委……”

来人连声推辞，道：“万万不可，太史公与诸公大老书翰往返，府、县岂有这等光彩，又怎敢阻止通讯啊……”

柳如是暗笑，她太了解这些俗吏可鄙、卑下的心理，他们贪权畏势又善于投机钻营，所以她就利用与当朝显贵交往这张虎皮来保护自己。她冷笑着说：“尚书一生交往甚广，上至王公贵胄，下到门生儒士，皆有书信往来，还是把这些信札都带走吧，好让御史大人放心！这反叛罪名，我们可担当不得起！”

来人忙躬身行礼：“太史公和夫人大人有大量，小人告辞了。”

钱牧斋、柳如是并没有被吓倒，仍在暗中支援义军。为了联络抗清力量，在柳如是的支持下，钱牧斋以游览访友之名先后到过崇明、金华、松江等江浙各地，频繁往来于南京与苏杭之间。有时柳如是会与钱牧斋一同前往，更多的时候，她以为钱家购买绫罗绸缎、湖丝等物之名前往苏杭的商行，暗中运送物资银两，支援义军。

3 岁次到了顺治十六年己亥(1659)，郑成功和张煌言北伐的消息不断传来：

> 郑成功率师攻克镇江，又兵临南京。
>
> 兵部侍郎张煌言统领之部光复芜湖，芜湖父老，担酒牵羊，犒劳义军。
>
> 张煌言将芜湖之兵分数路：一出溧阳、广德；一镇池州，截长江上游；一军往和州，以固采石；一军入宁国，以图徽州。
>
> 不长时间，有二十多个县揭竿而起，庐州、凤阳积极支持，义军发展成二十多万的浩荡之师。

江南沦陷为奴的百姓，翘首盼望义军打过来，复兴明朝。钱牧斋也欣喜若狂，慨然赋诗，“沟填羯肉那堪脔”，“杀尽羯奴才敛手”。但战事瞬息万变，郑成功因轻敌而败退出南京，准备撤回厦门。

钱牧斋暗暗着急，于八月初十日从芙蓉山庄附近的白茆港乘船驶向崇明岛，去见郑成功，希望共商复起之计。钱牧斋作《后秋兴八首》慰别柳如是，其中“一别正思红豆子，双栖终向碧梧枝”之句，是用王维诗、李龟年故事及杜甫诗的古典，隐喻自己对柳如是的别后相思和夫妇二人共同的故国之思，以及他们对于反清复明事业的必胜信心。

钱牧斋夤夜乘舟出发，在静谧的夜色中唯有水声潺潺，尽管是夜晚秘密出行，但他的心也绷得很紧，思绪万千。三年前，他暗中支援郑成功。郑成功托人传信说：“先生，过去之事，不必再提。先生冒着生命危险，东奔西走，筹措钱粮，支持抗清，世人无不称颂。”

过去的失节，一直噬咬着他的心灵。钱牧斋记得魏耕的《欲谒虞山钱大宗伯，途中书怀先寄柬呈览》诗（见《雪翁诗集》）：

前岁纵横计不成，仰天大笑还振缨。
援书恰思下邳去，采药乃向玉山行。

在他因失节而悔恨不已时，此诗给过他安慰和鼓励。魏耕在与山阴（绍兴）祁氏兄弟抗清失败后，还赶来虞山同他共议复明抗清方略。钱牧斋以降臣身份做掩护，四处奔波，联络东南。在柳如是和黄宗羲的鼓励下，他数次冒风险去金华游说马进宝（后任苏松常镇提督），劝其反戈一击，有顺治七年（1650）五月所作《五日泊睦州》诗为证：

客子那禁节物催，孤篷欲发转徘徊。
晨装警罢谁驱去，暮角飘残自悔来。
千里江山殊故国，一抔天地在西台。
遥怜弱女香闺里，解泼蒲觞祝我回。

虽然马进宝表示只有封王才会反清，但他其实已被钱牧斋说动，在郑成功和张煌言北伐时，按兵不动，也使义军得以顺利进出长江口。而马进宝后因此事被清廷处死。

在火红的太阳从东海升起之时，钱牧斋的小舟终于到达了崇明岛。

曾在虞山就读，常与柳如是讨论社稷大事、唱和诗词的大木将军（郑成功），热情地迎接钱牧斋。他恭而有礼地说道:“座师堪为国之英雄，社稷危难之际，英雄豪气冲天！师母更是巾帼不让须眉，叫我等男儿汗颜。”

钱牧斋肃然道:“郑将军，言重了，国家危难之际，你挺身而出，已实属难得。你我还需振作起来，共克时艰。”

郑成功指着眼前汹涌的大江说:“大江作证，成功如不能收复失地，便投江谢天下。”

钱牧斋看到兵勇威武，战船无数，旌旗猎猎，顿觉复国的希望还在，心中稍安。

钱、柳知道，为了复明大业，郑成功早有准备。“郑氏有五大商，在京师、苏杭、山东等处，经营财货，以济其用。”(《广阳杂记》)郑氏由海盗兴起，但其后即改为经营中国与南洋、日本之间的物产贸易。苏杭为丝织品出产地，郑氏设有行店。柳如是作为贵妇，以购买物品为名，与绸缎店肆往来，暗作通海之举，可免于为外人所察觉。

对于与郑成功会晤之事，钱牧斋曾写有:“水击风抟山外山，前期语尽一杯间……”郑成功太清楚钱牧斋的心情，他对恩师表示，若事成，迎师入朝；若事败，将恩师全家接到海上。郑成功恭敬地将钱牧斋送到船上，拱手说："请座师大人在虞山等我。"

回到红豆山庄的钱牧斋，一直在和柳如是等待义军的好消息。但奈何造化弄人，坏消息不断：闻听郑成功败讯的张煌言正在芜湖地区作战，他本想从水路去和郑成功会合，但清军两江总督郎廷佐扼住了长江，断了张煌言的归路。张煌言改变路线，率军直奔江西，行至铜陵，又被从湖广来援的清军击溃。为了摆脱追兵，张煌言被迫弃船登岸，把军队化整为零，分头撤退。他孤身逃亡时，被一老人所救，藏匿数日，后又不幸感染疟疾，次年才辗转回到浙江沿海地区。而郑成功也早已撤回到厦门。

钱、柳二人在失望和不安中苦度岁月。钱牧斋有些悲观，痛感"败局真成万古悲"，"忍看末运三辰促，苦恨孤臣一死迟"。

顺治十八年（1661）九月九日，乃钱牧斋八十大寿。山庄内的红豆树已二十年不开花，这年突然花开满树，这令钱、柳二人欣喜异常。据《有学集诗注》记载："红豆树二十年复花，九月贱降时结子一颗，河东君遣僮探枝得之，老夫欲不夸为己瑞其可得乎？重赋十绝句，示遵王，更乞同人和之。”“邑中名士咸赋诗纪事。”柳如是“遣僮探枝得之”，用仅有的一颗红豆为钱牧斋祝寿。而满树芬芳的红豆树并没有满足钱、柳的心愿。

这年，困在缅甸的南明的最后一位皇帝永历帝，被缅甸人献给了吴三桂。吴三桂将永历帝绞杀在了昆明。永历帝被杀，对明朝的遗民，特别是对郑成功、钱牧斋、柳如是来说，无疑是致命一击。

钱牧斋闻之，跌跪在地，哀鸣道：“天亡我也，天亡我也！”

柳如是强忍悲痛，搀扶起钱牧斋，说：“牧翁，君为轻，社稷为重，君既亡故，国尚存，复明就有希望。”

但钱牧斋两眼黯然，显得更加苍老，他只是痴痴地念叨着：“这是天意，这是天意，天意不可违……”

柳如是命仆人铺纸研墨，然后挥笔写了副对联，上联：“日毂行天沦左界”，下联：“地机激水卷东溟”。上联隐喻明朝亡于满洲，下联隐喻郑成功的抗清活动，由此联可见，柳如是的爱国之情，犹如精卫之心，至死不渝。

第十章

族人要挟蜂起，自缢抗争

《河东君小传》：

“癸卯秋，下发入道。”

徐釚《本事诗》：

“牧斋晚年卜筑红豆山庄，与河东君吟咏其内，

茗碗熏炉，绣床禅板，仿佛苏子之遇朝云也。”

《河东君小传》：

“（甲辰）五月二十四日，宗伯薨。

族子钱曾等为君求金，要挟蜂起，以六月二十八日自经死。

宗伯子曰孙爱及婿赵管为君讼冤。”

康熙二年癸卯(1663)，
柳如是四十六岁。
康熙三年甲辰(1664)，
柳如是四十七岁。

癸卯年(1663)，柳如是安顿钱牧斋与其子同住，自己与女儿、女婿仍居红豆山庄。一次她乘船赴海上犒义军，回来时海上起风，曾到海边一尼姑庵躲避，结识了一位法号空尘的慈祥老尼。当时，老尼看到这位俊俏而气度不凡的中年女人，便知其不是普通人。

后来，柳如是再访尼姑庵，却只见其早已成了一堆瓦砾。听人说，清兵听闻尼姑庵与义军有关，遂派兵焚灭了此庵，老尼下落不明。

噩耗接踵而至。一天，仆人来报：门前有位故人求见。

柳如是一见来人，大吃一惊：“这不是空尘师傅吗？！”忙请其入内，并命佣人准备茶点。空尘在山庄盘桓一阵，临走时，她留下一封信，双手合十：“贫尼这就告辞了。”

望着空尘的背影渐渐远去，柳如是呆呆地站在那里，脑袋里一片茫然。

她忽然想起手中的信札。拆开一看：“国姓爷毙于台湾，金门陷落，鲁王病逝于金门。”

柳如是大病一场，也是从这天起，柳如是决定削发入道[1]。

钱牧斋有《为河东君入道而作》论其事：

一剪金刀绣佛前，裹将红泪洒诸天。
三条裁制莲花服，数亩诛锄穲稏田。
朝日妆铅眉正妩，高楼点黛额犹鲜。
横陈嚼蜡君能晓，已过三冬枯木禅。

鹦鹉疏窗昼语长，又教双燕话雕梁。
雨交澧浦何曾湿，风认巫山别有香。

1 陈寅恪认为柳如是入道一事发生在崇祯十四年（1641）至崇祯十六年（1643），是顾苓记述有误。

斫却银轮蟾寂寞，捣残玉杵兔凄凉。

萦烟飞絮三眠柳，飏尽春来未断肠。

转年就到了康熙三年甲辰(1664)。钱牧斋病，柳如是奔去服侍，未几卒(五月二十四日)。钱牧斋——曾烜赫一时的江南文坛魁首，东林党领袖，就这样有些惨淡地告别了人世。

柳如是留下守丧。接着便有族人闹事，现抄录钮琇《觚剩》所记此事：

初，宗伯与其族素不相睦，乃托言宗伯旧有所负，枭悍之徒，聚百人交讧于堂。柳泫然曰："家有长嫡，义不坐受凌削。未亡人奁有薄赀，留固无用，当捐此以赂凶而纾难。"立出帑千金授之。诘朝，喧集如故。柳遣问曰："今将奚为？"宗人曰："昨所颁者，夫人之长物耳，未足以赡族。长君华馆连云，腴田错绮，独不可割其半以给贫窭耶？"嗣子惧不敢出。柳自念欲厌其求，则如宋之割地，地不尽，兵不止，非计也。乃密召宗伯懿亲及门人素厚者，复纠纪纲之仆数辈，部画已定，与之誓曰：“苟念旧德，毋渝此言！”咸应曰：“诺。”柳出厅事，婉以致辞曰：“妾之赀尽矣，诚不足为赠。期以明日，置酒合宴，其有所须，多寡惟命。府君之业故在，不我惜也。”众始解散。是夕，执豖炰羔，肆筵设席。申旦而群宗麕至，柳谕使列坐丧次，潜令健者阖其前扉，乃入室登荣木楼，若将持物以出者。逡巡久之，家人心讶，入视，则已投缳毙命，而大书于壁曰：“并力缚饮者而后报官。”嗣君见之，与家人相向号恸。绋綷之属，先一日预聚于室，随出以尽缚凶党，门闭无得脱者，须臾，邑令至，穷治得实，系凶于狱。以其事上闻，置之法。夫河东君以泥中弱絮，识所依归，一旦遭家不造，殉义从容，于以御侮，于以亢宗，讵不伟欤！

柳如是进门之后，钱谦益便是把家中的经济大权交由柳如是掌管。这惹得族人很是不满，族人在其尸骨未寒的时候打上门来，强行要求柳如是分割财产。足智多谋的柳如是先是散尽了自己的嫁妆，试图安抚贪婪的族人，但不想招来更多的贪心的族人。绝不可再纵容这些人的贪欲，否则恐怕后患无穷，柔弱的柳如是打定主意，宁为玉碎，不为瓦全……

前几日，细雨霏霏，红豆山庄笼罩在苍茫的雨幕中。

柳如是命人将描金漆的箱子抬到矮几上，然后让他们分头去将少爷、少奶奶、女儿、姑爷请来。

她拿出钥匙，将漆箱打开，小心翼翼地取出用布包裹着的瞿式耜的《浩气吟》遗稿及钱牧斋的诗文手稿，又取出陈子龙的诗稿，皆摆在一张长长的条案上。谛视良久，终是不舍地用烛火点燃了陈子龙的诗稿，看着它们在香炉里化为灰烬，心如刀绞。

她又找出一方素白丝帕，写上“青骢点点余新迹，红雨年年属旧人”，这是她旧诗中的一联。之后，她又从漆箱中捧出几十颗红豆，用丝帕包起，系好，也放在条案上。

浑身上下被雨水打湿的孙爱与儿媳妇先到了。待他俩坐定，柳如是便将钱牧斋的遗稿交给孙爱说：“孩子，这是你父亲留给你和后辈的珍贵礼物。”

孙爱立刻站起来，双手颤抖地接过，泪流满面，泣不成声。

随后赶到的女儿女婿，衣服也几乎湿透了。他们向柳如是请过安，如是便命他们给孙爱和儿媳跪下，说：“你俩侍兄嫂，要如侍父母。”又转身对孙爱说，“少爷，我将他们托付给你了。”

柳如是把那包红豆交给女儿，并说：“这是我亲手采撷的红豆，如果想母亲了，就看看这些相思豆。”

本就疑惑不解的孩子们，猛然醒悟了，便跪在柳如是面前：“母亲，您可不能留下孩儿啊……”

柳如是交代好后事，遣走孩子，以自缢的方式再次保护了钱家的财产和孩子。

柳如是之死，并不悲壮，但在那个黑暗社会，为了维护家族和孩子的利益，毅然献出自己的性命，当是

柳如是儒服小像

|清|毕琛|绘|

柳如是（1618—1664）是明末清初人，生逢朝代交替的乱世。原名杨爱，小字影怜，号蘼芜君、河东君。后据唐朝韩翃的《章台柳》（章台柳，章台柳，昔日青青今在否？纵使长条似旧垂，也应攀折他人手）哀叹命运的凄凉和对自己的不公，改姓柳。因读辛弃疾词《贺新郎》中“我见青山多妩媚，料青山见我应如是”，故自号“如是”。钱谦益取《金刚经》首句“如是我闻”，为其建“我闻室”，故又号“我闻居士”。

柳如是初为吴江名妓，姿容出众，艺压群芳，工诗善画，与名妓马湘兰、卞玉京、李香君、董小宛、顾横波、寇白门、陈圆圆同称“秦淮八艳”。后嫁与有“学贯天人”“当代文章伯”之称的明朝大才子钱谦益为侧室。

柳如是幅巾小像

|清|顾昭|绘|

柳如是画像

|清|管筠|绘|高垲|题|

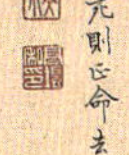

衣冠不許鬆眉擅白社青衿士氣頹一領帽巾雙巨眼畫生生面又新開五濁蓮根定自憐玉膚花貌易成煙丹青莫認章臺柳留得楊枝予樂天尚書禪學本來精閨閣同參偶自名如是妙觀如是想白頭老子未忘情傾城鬢髮易千金箸鈸根因苦自尋名士枉呼王百穀可曾識得美人心出身先鄙絳雲樓眉際棱棱愁未休家國黍離多少恨拚教黃土重山丘山尊題叔美書

尺幅娉婷影明姿曠代稀捐生留俠骨出世了禪機紅豆閱千劫白楊逾十圍頻迦共命鳥終傍絳雲飛 蓉裳續題句并書之叔美又記

河东君小像

清 钱杜 绘

画中有清代著名诗人、书画家张问陶（号船山）所题的诗：红豆花残忆绛云，一枝烟柳尚丰神。伤心家国无穷事，且恕才人为美人。

河东君真迹仿古

|明|柳如是|绘|

柳如是的书画颇负盛名。她的画娴熟清丽，书法也深得后人赞赏，称其为“铁腕怀银钩，曾将妙踪收”。《河东君仿古真迹》是柳如是的书画作品，每幅画上题诗一首，绘画清丽有致，行楷字迹清灵俊秀，钤有“柳隐书画”的书印，别有韵味。

柳隱本姓楊名愛兒又名因亦名是字如是號影憐又號蘼蕪南京院中人白描花卉雅秀絕倫博覽群籍能詩文晚歸虞山錢宗伯謙益稱河東君和為西湖之游刻西山倡和集甲申後嘗勸宗伯殉國難不從宗伯卒隱復殉其家難人多賢之墓在虞山耦耕堂側

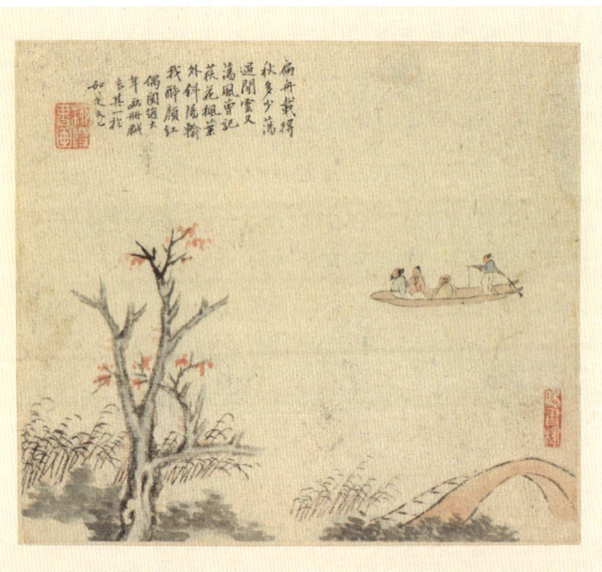
扁舟載得
秋多少蕩
遍閒雲又
蕩風曾記
荻花楓葉
外斜陽輸
我醉顏紅

河東君柳如是名隱一字蘼蕪本名〻
名愛柳其寓姓也丰姿逸麗翩若驚
鴻性猥慧賦詩輒工尤長近体七言作書
古意嫻雅年二十餘歸虞山錢宗伯蒙叟
而河東君始著先是盛澤名妓有徐佛
者能琴善畫蘭草雖僻居湖市而
四方才流履滿其室婁東張西銘以庶
常在假過吳江泊垂虹亭下易小舟訪之
佛他適其弟子曰楊愛色美於徐綺談
雅什亦復過之西銘一見傾意携至垂虹
繾綣而別愛於是心喜自負謂我七不辰
隨墮埃壒能得良耦不以委身今三吳之

閨閣簪纓雲集膏粱紈綺悉閒木偶而
帖括呫嗶僅能稱科第者皆傖父耳雖博
學好古曠代逸才我所謂天下有
一人知己死且無憾矧盛澤固魑儈之藪
也能鬱鬱久居此乎遂易楊以柳而隱其
名聞首城陳卧子為雲間繡虎移家
結鄰觀有所遇維時海內鼎沸巖關
重鎮半化邱墟而江左士大夫益事宴
遊以快樂紅粉各以容伎相高而一時
喧譽獨步無雙居松久之處以刺
謁陳〻嚴正不易近而虞山宗伯與陳齋

望國昌言於衆曰天下惟虞山錢學士始
可言才我非才如學士者不嫁適宗伯喪
偶聞之大喜曰天下有憐才如此女子者
耶我亦非才如柳者不娶後柳果歸錢
氏宗伯為之築我聞室十日落成柳有春
日我聞詩曰裁紅暈碧淚漫〻南國春
來已薄寒此去柳花如夢裡向來煙月
是愁端畫堂消息何人曉翠幙容
顏獨自看珍重君家蘭桂室東風取
[illegible]

以藏書與柳日夕披吟其間所云争先
石鼎搜聯句薄怒銀燈算劫碁蓋
紀實也每於畫箋餘暇偶作丹青一草一
木一泉一石無畫家習染雖規〻六法
間有不合要而雅靜之致深足可愛
韵濤老兄屬題是冊并略贊當年盛
事云

此冊題天涯劇恚之言欲借撫為余
畫扇乃婁次見過迄未携去可笑

红豆山庄

|清|瞿麐|绘|

红豆山庄是钱谦益和柳如是的居所，山庄里有两棵从南方移植来的红豆树。在钱谦益八十大寿那年，已二十年不开花的红豆树竟然花开满枝，可惜最终只结一枚红豆。柳如是以此作为钱谦益的寿礼。钱谦益以诗记之：春深红豆数花开，结子经秋只一枚。王母仙桃余七颗，争教曼倩不偷来。

绛云楼

|民国|陈达|绘|

绛云楼，位于红豆山庄内，其既是钱谦益、柳如是的居所，也是藏书楼。绛云楼藏书丰富，名冠东南，几可比拟内府，钱谦益为之编有《绛云楼书目》。绛云楼被焚后，后人唯有借《读书敏求记》一窥绛云楼藏书。有学者认为大观园的绛芸轩就源自于绛云楼。

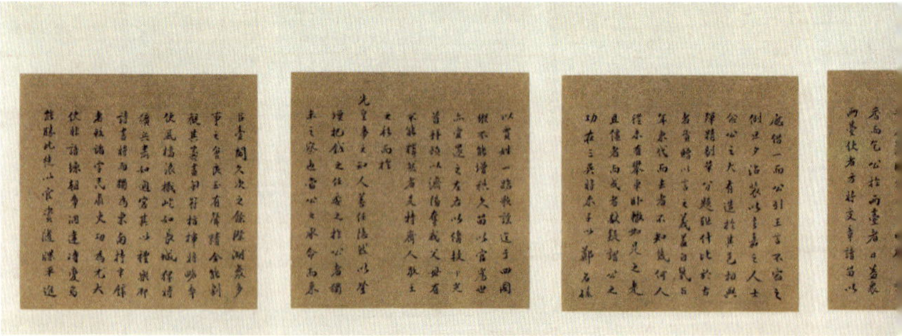

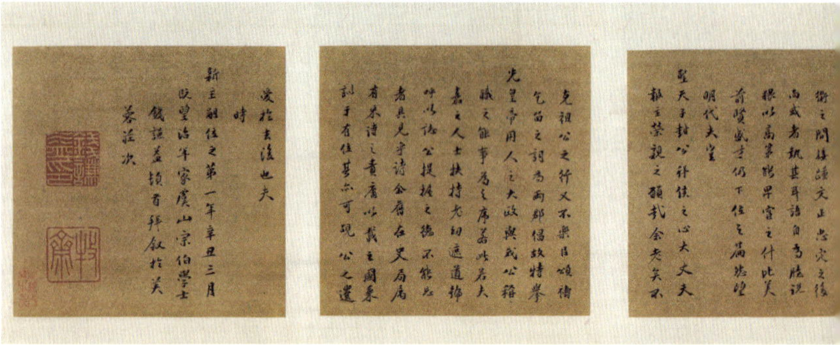

秀而乞公於西臺者日益衰
而蒙伏者方於文章請留以

庇借一而公引王言不容之
側足夕沾數以書嘉之人士
公心之大有造於其已相與
輝精制草分題組什比於古
者皆時以言之義表日昃日
年來代而去者不知幾何人
從未有紫垂紱微如是之光
且僅者而成者欲損諸公之
功在三吳將來子少鄭名族

以賁姓一綴救護迄于四國
繳不能增損大節以官為世
亦當選之左右以備技下史
簡什於以滿隨拿我又安有
不能措然者只持肩人敢主
之於而後
先皇帝之知人善任隱然以登
壇把鉞之任委之於公者獨
未之深也當心之求命而來

日臺聞久次之餘隙湖泰多
事之曾良玉有僭精今能制
觀其奏書和符指揮於妙手
伏風暢浪櫻此如良城保持
續共嘉如通宮其小禮樂那
詩書將而獨為宋南持重錄
者救論字克鼎大功為尤大
伏非語緣相争調達清更為
難勝此使山衣裳後謀平進

衛之間接踵文正忠定之後
而成者孰甚耳語自為勝說
操以高第能畢宮之什比美
前賢盛書但下任之滿然望
明代大臣
聖天子封公補袞之心大丈夫
報主榮親之願哉余老矣不

先祖公之行又不樂目頌揚
乞留之詞為兩郡倡敘特舉
先皇帝用人之大政與我公籍
職之能事為之序著以若大
嘉之人士扶持光幼遮道稀
呼以爲公捉援之德不能忘
者其兄弟請余為序史而屬
有不詩之責庸以載主國乘
副手有後甚亦可現公之遺

愛於去後也夫
時
新主御位之第一年辛丑三月
既望治年家虞山宗伯學士
錢謙益頓首拜叙於芙
蓉莊次

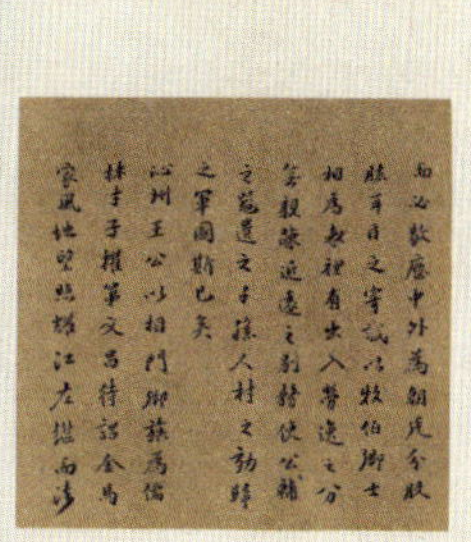

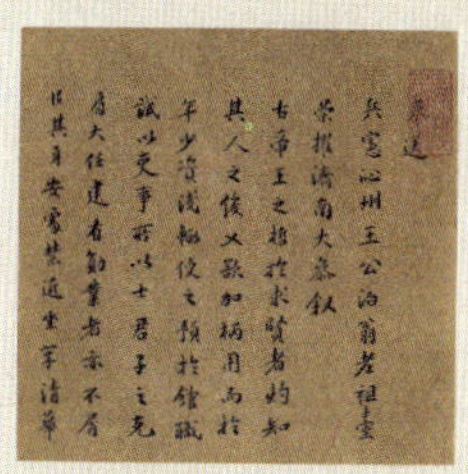

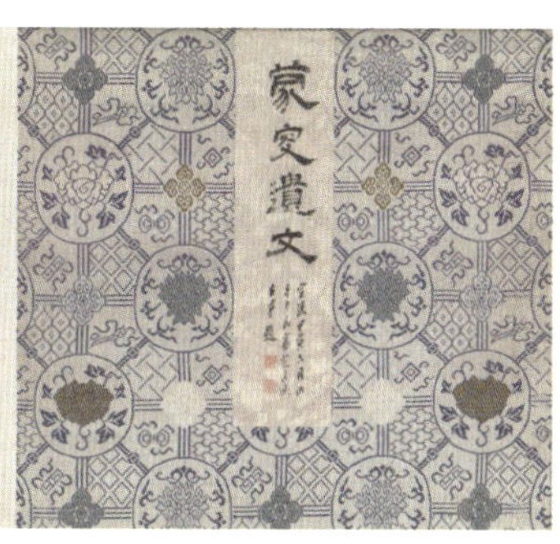

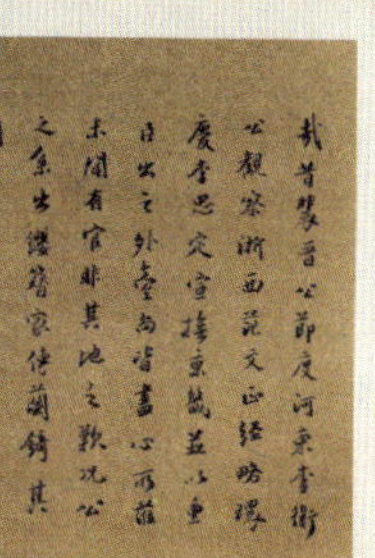

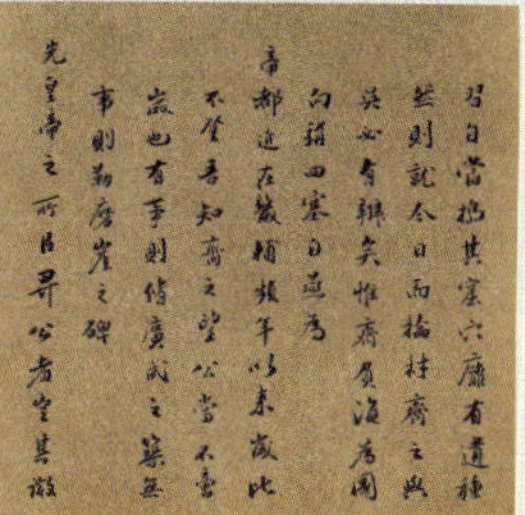

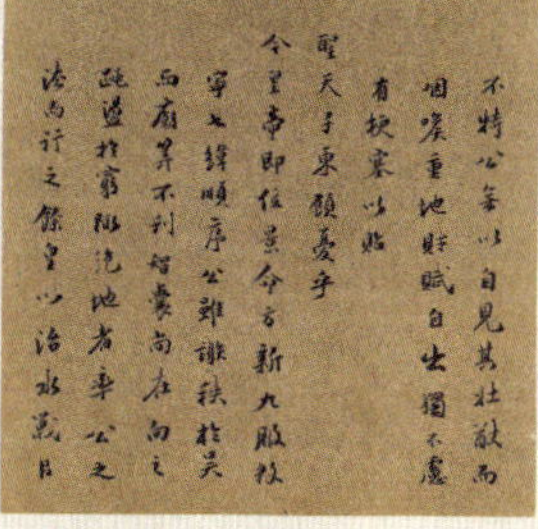

蒙叟遗文

|明|钱谦益|

《蒙叟遗文》册页创作于顺治十八年（1661），钱谦益时年八十岁，有学者考证认为，从书风与文气来看，此作品应是柳如是替年迈的钱谦益代笔。

钱谦益画像

钱谦益（1582—1664），字受之，号尚湖，又号牧斋，晚号蒙叟、东涧遗老、绛云老人，学者称虞山先生，明时官礼部尚书。其诗文在当时极负盛名，在东南一带被奉为“文宗”和“虞山诗派”领袖。钱谦益是个思想和性格都比较复杂的人。他的身上，不乏晚明文人纵诞的习气，但又时时表现出维护传统道德的严肃面貌；他本以“清流”自居，却因热衷功名而屡次陷入政治漩涡，留下谄事阉党、降清失节的污名。

可歌可泣的。

柳如是自缢后，其女婿赵管为其讼冤，陈述其被逼死全过程,《钱氏家变录》原汁原味道出了真相：

谨陈逼死实迹事：

痛岳父于五月二十四日去世，蓦遭凶恶钱曾、钱谦光等构衅谋害，恣意择之，逼写田房，扼阱僮仆，凌虐岳母绝命时，三日夜内事言之。

岳母柳氏，有籴米纳官银两，向贮仓厅张国贤收管。钱曾、钱谦光探知，二十六日擒国贤妻并男张义至半野堂，官刑私拷，招称仓厅上有白银六百两。钱曾即遣家人陆奎先索去银杯九只，此二十六日午后也。黄昏后，复令陆奎押张义到仓厅取前银。义将蒲包裹木匣，付陆奎手持去。曾又突至孝幕中，岳母以曾为受恩岳父之人，伏地哀泣。曾犹谈笑自若。其时恐吓之语，不可尽述。

二十七日，曾遣奎来传言，其话比前尤甚。是日，逼去家财及叶茂、陈茂、周和，僮仆辈尽皆股栗散去。黄昏时，曾复唤徐瑞来传述云："要我主持，须先将香炉古玩价高者送我。"

二十八日，谦光先来向管云："汝与岳母说云，速速料理贵人，否则祸即到矣。"言毕竟出。顷之曾来，直入孝幕，坐灵床前，大呼曰："止隔明日一日矣。"各贵诸奴俱已齐集，即来吵闹，不得开丧。复至书房内，大张声势。管惧其威焰，不敢置可否。坐逼良久，曾方出门，而谦光又踵至矣，云："汝家事大坏，遵王现在坊桥上，须请遵王来，方可商量。"适曾亦令奎来，谦光随令请至。二人一唱一和，皆云："我奉族贵令，必要银三千两，如少一厘，不下事。"命管传言。岳母惊骇不能答。二人复传内王进福妻出去，所言皆人所不能出之口者。复命一催促几次。许之田房，谦光云："芙蓉庄已差十六人发四舟去搬矣。谁要汝田？"管复力恳，一时无措。二人云："三千两原有几分分的，断少不得。"随吩咐要吃荤点心。吃过，复唤王进福妻传话，大声叱咤："今日必等回报，然后去得。"岳母云："稍静片刻，容我开账。"携笔纸登楼。二人在外大咤管云："初一日先要打汝夫妻出门，还不速速催促！"被逼不过，只得入户，见楼紧闭，踢开时，岳母已缢死矣。管急趋出，二人弃帽逃窜。赶至坊桥，二人拼命逃奔，躲匿族贵家中，不能追获。此实情实事也。

乘丧威逼，固非一人，投缳之时，惟此二贼。

看似柳如是"自缢死于牧斋尸侧，以达其早有决心殉节之志"（《柳夫人事略》），实则是其用性命，向她一向鄙视的封建礼法的最后反戈一击，为自己以及其他被侮辱、损害的女性，唱了一曲悲壮的挽歌……当年，国难当头，柳如是言："如我身为男子，必当救亡图存，以身报国。"她是为正义献出自己生命的奇女子。

柳如是自缢，"郡邑得牍，捕索逋者治罪。恶少四面逃遁，再无人敢来索逋。嗣子深感柳夫人恩德与节烈，遂用匹配礼，与牧斋并殡某所。三吴人士，皆嘉柳如是才高志烈，已足传之千古，谁知其又为忧时爱国侠女子也"（《柳夫人事略》）。

柳如是墓，在虞山南麓拂水山庄秋水阁的庭院内。嘉庆年间，陈云伯宰常熟，曾加以修治，立碣（清查揆所撰《河东君墓碣》）以表之。

王国维有题《湖上草》三绝句，其第三首诗云：

幅巾道服自权奇，兄弟相呼竟不疑。
莫怪女儿太唐突，蓟门朝士几须眉？

此诗，可作其墓志铭。它也让人们记住了这位与士大夫平起平坐，蔑视封建礼法，勇敢地挣脱身上的枷锁、争取“人”的地位的“卑贱”奇女子。

写到这里，该收笔了。想起柳如是的《咏梅》：

色也凄凉影也孤，墨痕浅晕一枝枯。
千秋知己何人在，还赚师雄入梦无？

最后，笔者邀请看官“约个梅魂，与伊深怜低语”。

附篇

诗说青楼

青楼，妓院之谓。李白的《在水军宴韦司马楼船观妓》中有“对舞青楼妓，双鬟白玉童”句，杜牧《遣怀》诗曰：“十年一觉扬州梦，赢得青楼薄幸名”，李贺《官娃歌》中有“啼蛄吊月钩阑下”，足见唐代的青楼娼业很繁荣，深受士子文人钟爱。

昔白居易《寄明州于驸马使君三绝句》诗，有“何郎小妓歌喉好，严老呼为一串珠”句，可见唐代的官妓已很多。白居易曾担任过翰林学士、左拾遗，豢养的家妓小蛮，善舞。白居易有诗：“樱桃樊素口，杨柳小蛮腰。”养妓乃是当时的世风。

元、明及清初燕京娼妓业更加繁盛，曲院勾栏，鳞次栉比，一到夜晚，酒肉熏天，笙歌匝地，香风醉人。《析津日记》谓：“京师黄华坊，有东院，有本司胡同。所谓本司者，盖即教坊司也。又有勾栏胡同、演乐胡同，相近复有马姑娘胡同、宋姑娘胡同、粉子胡同，出城则有南院，皆旧日之北里也。”勾栏、演乐、马姑娘胡同在东四牌楼南至灯市一带，宋姑娘、粉子胡同在牌楼北。

勾栏，宋元时百戏杂剧的演出场所。勾栏内有戏台、戏房(后台)、神楼、腰棚(看席)，有的勾栏以“棚”为名。元以后勾栏、北里系指妓院。

本司，即教坊司，古代管理宫廷音乐的官署，专管雅乐以外的音乐、舞蹈、歌唱、百戏的教习、排练、演出等事务，肇始于唐。

官妓最早是为官员服务的。唐、宋时官场应酬会宴，会召官妓侍候；明代官妓隶属教坊司，不再侍候官吏，后也以教坊指代妓院。明代的教坊司，隶属礼部，清雍正时始废教坊司。

元、明、清时，东四牌楼东安门一带，色情买卖颇为繁荣。元代宋褧的《明照坊对雨》诗，记录了勾栏的繁盛和世事的凋敝：

章台车马去如流，白雨霏烟拂画楼。
九陌平铺明似练，两沟急泻碧于油。
美人虹见西山霁，少女风来北里秋。
凉意满襟帘幕卷，宫鸦归树夕阳收。

明照坊即今灯市口一带，明代范景文曾描写过这里勾栏的盛况，诗曰：“朱楼一带郁嵯峨，阵阵香风𣗳绮罗。龙烛薰空喧不夜，天街到处月明多。”勾栏兴旺，真可谓是“京华酒垆方歌舞，锦鞯翠袖迎娇娥”。

毛奇龄的《帝京踏灯词》组诗，也记录了清时娼业的情况：

毬场花帽打三郎，重戴朱竿学教坊，
何处大鳌山最美？三条火巷在廊房。

勾栏缺处接灯棚，五色番花四角擎，
蹋断麻鞋归不得，永安门外老田更。

放夜金吾首戴翎，红缨白马驾朱軿，
月明只觉天星少，撒作车盘两面钉。

夜凉蝉鬓贴金貂，漏滴铜瓶水渐消，
忽听盒中千炮发，襄阳城破在中宵。

一道灯轮去复回，瓜囊镂作八仙台，

走桥妇女呼教住，好让秧歌唱过来。

灵佑官联祈谷坛，蜡糊红纸坐坊官。
露珠滴尽坛前树，綵剪莲花偏耐寒。

诗中写尽帝京观灯的热闹非凡景象，又于富庶繁华中，反映社会的堕落和世风的奢靡，以“三条火巷在廊房”点出了勾栏的畸形发展。

元、明、清三朝，写进历史的名妓很多。元代的名妓有张怡云、解语花等。明代有“以一身系天下之安危”的陈圆圆、娇娆名冠南北的董小宛，江浙的“秦淮四美”及李香君、卞玉京、顾横波、柳如是等。

元时名妓张怡云，居南苑海子上，“能诗词，善谈笑。艺绝流辈，名重京师。文思敏捷，颇得名公赏爱”。赵孟頫、商正叔、高房山等都与其交好，皆曾为张怡云画像。姚牧庵、阎静轩等则常到其家小酌。一次姚牧庵在宴席上说到“暮秋时”三字，阎静轩命张怡云续下去，并歌之。张怡云故作小女儿态，且歌且笑曰：“暮秋时，菊残犹有傲霜枝，西风了却黄花事……”众人制止其曰：“且止。”然后又即兴唱姚牧庵的《寄征衣》词：欲寄君衣君不还，不寄君衣君又寒。寄与不寄间，妾身千万难。其声真切动情，令人感叹。

元时歌姬解语花，乃草桥地界的名妓。忽必烈时的重臣廉希宪，在草桥建了一栋别墅万柳园，“园内名花万木，为京城第一”。一日，廉希宪在万柳堂宴请赵孟頫、卢挚两位学士，请来解语花助兴。那解语花见赵、卢二位，随手折下荷花敬献。酒席上解语花左手持荷花，右手举杯，歌《骤雨打新荷》之曲，宛如莺歌，甚是动人。

赵孟頫赋《万柳堂即席》诗为记：

万柳堂前数亩池，平铺云锦盖涟漪。
主人自有沧洲趣，游女仍歌白雪词。
手把荷花来劝酒，步随芳草去寻诗。
谁知咫尺京城外，便有无穷万里思。

明万历年间，京师名妓众多，其中最出名者当属薛素素。薛素素，名薛五，字润卿，号雪素，小字润娘，“能书作黄庭小楷，尤工兰竹，下笔迅扫，各具意态。虽名家好手,不能过也”。她还善骑马挟弹，在疾驰之时，能连续拉弓射出两个弹丸，后弹可击中前弹，使之碎于空中，观者莫不瞠目。

“以一身系天下之安危”的陈圆圆，名沅，字畹芬，原为苏州名妓，后被吴三桂纳为妾，住北京。逢宴饮，吴三桂皆携之，京城为其美艳所倾。李自成大顺政权攻占北京，陈圆圆被刘宗敏霸占。吴三桂引清兵入关，攻陷北京，陈圆圆仍归吴三桂，随吴三桂转至云南。陈圆圆后被吴三桂冷落，据说削发为尼，改名寂静，字玉庵，由夜夜笙歌，归于寂寥。

明代的名妓，不以操皮肉生意为耻，反而常拿片子拜客，自称“女弟”，俨然以女名士自居。柳如是在《尺牍》中，就自称“弟”。柳如是“丰姿逸丽，翩若惊鸿。性狷慧，赋诗辄工，尤长近体七言”，以文采名满天下，是明末女妓中的代表性人物。但才貌双全的柳如是初次登门拜访，陈子龙却闭门不见。据《板桥杂记补》一书说：“柳恚，登门詈陈曰：‘风尘中不辨物色，何足为天下名士。’”这在三百年多前的封建社会，恐怕也算得上是惊世骇俗之举了。

乙酉年(1645)五月之变，清兵渡江，“柳夫人劝牧翁曰：‘是宜取义全大节，以副盛名。’牧翁有难色。柳奋身欲入池中，持之不得入”。清军进入南京时，钱谦益于天寒地冻之时俯伏道旁，欲以金器、玉器数百件献豫亲王：“翌日，豫王兵至城下，见门未启，遣使呼曰：‘既迎天兵，何闭也？’有老人登陴应曰：‘自五鼓候此，待城中稍定，即出谒。’骑曰：‘若为谁？’复自喝曰：‘礼部尚书钱谦益！’”风尘女子劝夫殉节的气节与江南名士的苟活形成鲜明的对照。

文苑有这样的风尘奇女子，自然会受到人们的重视。陈寅恪晚年著《柳如是别传》，后又有名家如黄裳作《绛云书卷美人图：关于柳如是》，这可证有才学的风尘女子依然可登文学殿堂。

而文人也极喜与名妓交往、厮守。譬如李白、杜甫，皆与多位女妓有亲密交往，元之赵孟頫，明之侯方域、吴梅村、钱谦益等名士，又有谁在青楼没有几个相好呢？

元、明、清时期，膏粱纨袴流连于勾栏，自鸣得意，而自诩清流之人也不以狎妓为不道德，不然，明末文坛盟主钱谦益、复社党魁张溥，就不会结交柳如是了。

文人与妓女之间以诗文唱和往来，极为常见。比如元代被追赠为翰林学士承旨、资善大夫的王恽有一首小词《鹧鸪天·赠驭说高秀英》，就是写给大都说书女艺人高秀英的。

短短罗袿淡淡妆，拂开红袖便当场。
掩翻歌扇珠成串，吹落谈霏玉有香。
由汉魏，到隋唐，谁教若辈管兴亡。百
年总是逢场戏，拍板门锤未易当。

上片首句写高秀英的服装及说书时的仪态。“珠成串”，形容其歌喉婉转如串珠。下片说古今兴亡事，语带禅机，弦外有音，乃以妓说事也。

1 楚棺秦楼的妓女们，婀娜多姿，肤如凝脂，一颦一笑牵动人的心弦，清代曹顾庵学士曾赋《高阳台·观女伶》，记其所见女伶：

莺舌新调，鸦鬟犹弹，湘裙欲整还拖。懒散心情，朝来愁画双蛾。绣帘风约摇桦烛，对菱花、倦眼生波。尽娇憨，动人些子，元不争多。

魂消一曲清歌却，似曾相识，争奈伊何影，好难描、空劳石黛三螺。灯前小立，红装换笑还嗔，唤弟称哥。暗相怜，纤腰无力，又著蛮靴。

未知女伶是何人，但形象、意态、性情毕现，虽堕风尘，依然有娇憨的可爱处。

京城的娼妓多以“子”为名，便有名妓芳香子、花子之类。其穿着也有特点，寒暑必系棉裙，并“以栝蒌涂面，但加敷而不沐，至春暖方涤去。久不为风日所侵，故洁白如玉也”(《辰垣识略》)。清代诗人曾以诗记述女妓的日常生活：“西院琵琶拨未休，雪箫东院起梳头。春风暖入肌肤滑，初点胭脂洗栝蒌。”明、清时，官妓有东、西院之分，“京师倡家东、西院籍隶教坊，犹是唐宜春院遗意。东院以瑟，西院以琵琶，借勋戚以避贵游之扰。”(《辰垣识略》)官妓侍奉的一般是权贵皇亲，可以避免像一般妓院那样受到侵扰。

娼业兴旺，青楼热闹，乃封建社会的畸形常态。至元、明、清则更甚，官宦贵胄催生并促进了皮肉行业的繁荣。而青楼女子的生活令人颇感凄凉，明代冯惟敏在《南锁南枝·盹妓》中有所描述：“打趣的客不起席，上眼皮欺负下眼皮，强打精神扎挣不的。怀抱着琵琶打了个前拾，唱了一曲如同睡语。那里有不散的筵席？半夜三更路儿又跷蹊，东倒西歙顾不的行李。昏昏沉沉来到家中，睡里梦里陪了个相识，睡到了天明才认的是你。”在诙谐幽默的嘲讽中，吐露了妓女们的不幸。

而以取悦人为生的妓女处在社会最底层，命如草芥，生死都不由己。元英宗至治年间(1321—1323)，京城名妓史骡儿，善弹琵琶，深得英宗爱幸。英宗嗜酒，无敢谏阻者。一日，英宗又在紫檀殿饮酒，史骡儿殿前弹唱助兴。曲中有“酒神仙”之句，酒醉的元英宗认为是在讽刺他，史骡儿惨遭处死。过后，英宗后悔，曰：“骡儿以酒讽我也。”

清初，从顺治到雍正，均颁过法令禁止和取缔卖淫嫖宿。顺治八年(1651)，下旨停办教坊女乐。雍正年间，又谕旨废除官妓。但禁而不止，过了几年，娼业反而更加繁荣。乾隆原本风流，其时娼妓尤多。日本人的《唐土名胜图》记载，古今风土变迁，最可玩味者，莫如戏楼与妓馆。其中的《东西青楼之图》，描述的就是前面所说的东四牌楼、灯市口之东一带，妓女长袍盛装，弹筝侑酒，绣帘红烛，果真是温柔之乡。官吏士绅如此，皇帝如乾隆、同治等，尽管宫里有佳丽三千，仍垂涎宫外的青楼烟花柳巷。

清咸丰时，北京娼风大炽。胭脂石头胡同，家悬纱灯，门揭红帖。每过午夜，香车络绎，游客如云，呼酒送客之声，彻夜震耳。士大夫相习成风，恬不为怪，因此身败名裂、被褫官者也不在少数。

咸丰帝无所建树，荒唐之事颇多。当时，京城有一雏妓，名叫朱莲芬。其模样俊俏，擅唱昆曲，工书画，能诗词。咸丰见之，非常喜爱，时时传其到皇宫相伴。之前，朱莲芬与一陆姓御史交好，忽被咸丰所独宠，陆御史自然不满，便写了一奏折进谏，引经据典，侃侃数千言，指出皇帝乃天下之尊，怎能同一伶人鬼混？咸丰见折，仰天大笑，说:“陆大人吃醋矣！”随手用朱笔批道:“如狗啃骨头，被人夺去，岂不恨哉！钦此。”并未降罪。此为野史，不足为信。但以其昏聩荒淫本性而言，此事倒也不是无端辱没他。

同治皇帝，六岁即登上皇位，同治十二年(1873)亲政。次年的十二月五日，十九岁时，病死于养心殿。同治无德，常以微服私访之名，到烟花柳巷嫖妓，因染上性病而殁。皇室以患天花遮掩，翁同龢的笔记载："十一月，穆宗生天花，偏体蒸灼。"徐艺圃所撰《同治帝之死》，也认为同治死于天花。而《清稗类钞》却认为同治死于"花柳病"，即梅毒。民谣讽之曰："不爱家鸡爱野鹜，可怜天子出天花。"

新中国成立后，废除了青楼妓院，取缔了娼妓。青楼，消失在了历史的尘埃中……

跋

写《红豆遗梦：柳如是小传》缘起

一位香消玉殒了几百年的青楼奇女子柳如是，让我几乎魂牵梦萦了半生。年到桑榆时，又要到红豆山庄，登上绛云楼，去拜见写进史书的河东君，为她写书立传……

黄裳先生在《绛云书卷美人图：关于柳如是》一书中说："不知怎的，柳如是近年时来运转，大行其时，几乎掀起一股'柳如是热'。"此论系就1980年上海古籍出版社出版了陈寅恪八十万言的《柳如是别传》后，产生的广泛影响而言。该书是陈寅恪以"以诗证史，史诗互证"的手法为柳如是立传。其以"甲申国难"的历史为轴，讲述了名妓柳如是与东林党领袖钱谦益的爱情故事，展现了柳如是、钱谦益在严酷的历史和命运面前的不同选择，揭示了家国存亡关头两个人不同的精神取向。该书还考察了明清交替之际的社会与思想文化变化，具有很高的学术价值，在文史界引发了较大反响。之后，研究柳如是的作品及柳如是的诗文集相继出版，以柳如是为主角的长篇小说如《寒柳》等也悄然问世。但因此即说"几乎掀起一股'柳如是热'"，似有夸大之嫌，民间对柳如是的关注度并不高，何"热"之有？

但就在这段时间，我再次关注到了柳如是。

读大学中文系二年级时，大约是1962年，现代文学教授王景山先生辅导我读鲁迅，提到陈寅恪先生与鲁迅老死不相往来的事，不知怎么就讲到陈寅恪曾于抗战时期在西南联大任教时的轶事。一日，陈寅恪到旧书店购书，一看皆劣陋之本，问曰：“除旧书之外，尚有他物欲售否？”店主略踌躇后，拿出一枚红豆：“此乃常熟白茆港钱谦益故园红豆树的红豆，愿奉送。”陈寅恪大喜。此粒红豆，唤起了陈寅恪重读钱谦益博通文史之书及柳如是的清丽诗文，他欲以此验其所学。王景山先生还说，双目失明的陈寅恪先生当时正在执教的中山大学撰写有关钱、柳的书。

读闲书，早知钱、柳故事，而大学者要为其立传，这唤起了我对钱、柳的浓厚兴趣。记得在新街口祖父的书房，祖父曾送给我一部线装《初学集》，说此即钱谦益诗集。钱谦益为万历进士，崇祯时官至礼部侍郎。清兵入关、福王在南京组建政权后，又任礼部尚书。弘光政权灭亡后，钱谦益屈膝降清。祖父谈到钱谦益时，多有贬斥之意，或许因我不足二十，便只字未提柳如是。

到大学四年级，始上文学史课，教材乃游国恩、王起、萧涤非等主编、人民文学出版社出版的四卷《中国文学史》。廖仲安教授在讲“清初的诗派和诗人”时，说道：钱谦益在明末时已负盛名，主盟文坛数十年。其反对严羽的“妙悟”说，斥为“无知妄论”，为“瞽说”。钱谦益认为“国风”“小雅”《离骚》，以及李白、杜甫等人之诗，从肺腑中出，莫不有本。变节投清之后，其诗中常常故意表示怀念故国，诋斥清朝，企图掩饰其腼颜事敌之事。他已做了“贰臣”，剃发改服，却偏要说什么“莺断曲裳思旧树，鹤髡丹顶悔初衣”。晚年写有《后秋兴》十三迭共百余首,以“投笔”名其集，竭力表达恢复故国的愿望，并咒骂清朝和吴三桂，虽好像沉痛，但叛国的罪名是洗刷不了的。乾隆时，他的诗文集因多触忌讳，被下令禁毁。

关于柳如是，王景山先生在我多次恳求下，才简略说了说，后来他还拿出两张纸，上面用钢笔写有《柳如是小志》，后来我抄录在了笔记本上，略知了柳如是的非凡一生。

如是，本姓杨名爱，禾中人也。为名妓徐佛

婢，色美于佛，诗字亦过之。及长，豪宕自负，易姓名为柳是，字如是，又名隐，号影怜，又号蘼芜。博览群籍，能诗文,间作白描花卉，雅秀绝伦。崇祯庚辰，年二十余矣。虞山钱受之为筑“我闻室”居之。尝于鸳湖舟中作百韵诗赠柳，中有云“河东论氏族，天上问星躔。汉殿三眠贵，吴官万缕连”“瑶光朝孕碧，玉气夜生玄”。辛巳六月，钱柳结缡于茸城舟中，赋合欢诗志喜。称为继室，号河东君。建“绛云楼”，穷极壮丽。未几，灾。柳常衣儒服，飘巾大袖，间出与四方宾客谈论，蹁跹若仙，故钱又呼为“柳儒士”。甲申后，劝钱殉国难，不从。钱卒，子弱，族党登堂，哄争不休。柳计全孤保家，密令具筵款众，自入投缳毙命。官府为穷治，家难得解。墓在虞山耦耕堂侧。

从此，读书时便注意收集钱、柳资料。1969年7月，忽闻七十九岁陈寅恪在完成卷帙浩繁的《柳如是别传》后死于非人折磨，深为这位写出了“人与文化”的深刻、永恒内容的大儒的离去悲痛。

十年后,《柳如是别传》出版。拜读后，不得不佩服其丰富的史识与非凡的气度。陈寅恪治学之道脱胎于朴学而不受考据所囿，笔下的历史人物充满了动人的魅力。他对钱、柳所处的社会环境、历史背景都进行了精当的表述和评价，已超出了为人物立传的范畴，有其独特的史学、文学和美学价值。

之后不久，我供职的人民文学出版社又出版了石楠的长篇小说《寒柳：柳如是传》，语言生动、情节跌宕、人物鲜活，十分好看，但刻意强化故事的情节，叙事寓言化，那个真实的柳如是不见了。我曾与此书的编辑周达宝交换过意见，老大姐赞同我的看法，说："陈寅恪笔下的柳如是被淹没在浩繁的考据和资料里，而《寒柳》却把柳如是送进了故事中。"老大姐这种独特的表述，真是切中肯綮。

大凡文学创作，总会留下遗憾，古今中外，概莫能外。

传记文学，古而有之。但对于作为一种审美图式结构的"艺术记忆"，传记至今没有系统的理论，因此传记文学评论起来就相当困难。有意思的是，传记文学的评论家却不少，有的评论让人耳目一新，语多剀切。我认为，建立传记文学理论体系需要一个过程。

也曾有过试写柳如是的冲动，但尚未全识柳如是，只是感兴趣而已；况当时作为编辑，工作繁忙，无暇旁顾。特别是我早已有写《民国清流》的周密计划，浩如烟海的相关资料只能利用节假日焦头烂额地收集，对柳如是便渐渐疏远了。

我宏大的写作计划，虽早就确立，但真正动笔是在退休十年之后，整整准备了近二十年。2013年，书房阳台春花绽放的一日清晨，我伏在面窗的书桌上，用铅笔在废弃的校样背面，兴奋开笔。当天中午，我告诉了住在黄亭子的梁晓声。我们俩都是用铅笔写作，案头有橡皮、转笔刀、糨糊和剪刀。这一写，就是整整九年，每天上下午各三个小时，创作并出版了十六部传记作品，近五百万字。

为了写《民国清流》，为了找到与新文化运动先驱的亲近感，我遍访北京胡同那些文化名人及其故居，写了一本《春明门内客》；为熟悉新文化运动的精神高地——北京，我又写了一本《诗说燕京》。在写作这两本书的过程中，我找到了富有诗性的语言，以与大师们的文化气质相吻合，只用四年便写出了七卷本的《民国清流》。

我的写作原则是，努力开掘历史生活中真实人物所具有的“人与文化”的深刻、永恒内容，坚守知识者所秉持真理道义之风骨。这一过程如同开矿，用未经提炼、雕琢的原矿，呈现历史风云与时代波澜。

当然，我的才学识力逊色于大儒陈寅恪，文学才华也不及石楠。我的作品与他们的佳作不在一个层面，缺乏可比性，但却得到文坛朋友的热情鼓励。

梁晓声评《民国清流》曰：“前事不忘，后事之师。以史为镜，躬身自照，可助当下文化知识分子警鉴有思，保持立言、立行、立本、立品之原则与底线。重要的是对史事、历史人物做的评说须力求公正客观。而本书作者做到了，值得一赞，更值得一读，有可敬的文史价值。”

何建明曰：“《民国清流》有汪兆骞老师这样士大夫的叙述，是精英文化的集中体现。本书有一种清朗感、优美感、知识感、历史感，是一部美文传记、文学传记、思想传记三合一的作品。本书不像一般的传记从头到尾只讲一个人，它讲的是一群人，叙述角度非常具有难度和挑战性，足见汪老师的功底。中国那一代了不起的人，创造了一个时代。他们的思想行为、做人的方式，至今仍影响着今天的中国社会。”

王跃文曰：“汪兆骞老师深谙《左传》笔法，其《民国清流》依照编年剪裁民国历史，将人物置于云诡波谲的大事件、大冲突中摹形刻画，以史家手眼钩沉实录，以文学笔墨传神写照，于人物书写中别嫌疑，于叙事中富褒贬，明是非，定犹豫，善善恶恶，援史明志，其为士人清流招魂之深情苦心，令人感佩。”

张抗抗、张颐武也多有褒奖之词。我清楚，这些赞扬鼓励，是希望我百尺竿头，再进一步，其情殷殷，我只有再接再厉。

接着，我又按计划写了《我们的80年代》《启幕》。这九部书，是我对近百年中国文学及作家所做的整体回顾，朋友说，这是中国百年民间文学史。之后，我又撰写了《文学即人学》，对百年诺贝尔文学奖的追溯，点评了获奖作家及其作品。又在朋友的敦促下，完成了《别来沧海事》，对在天津意奥租界的童年生活做了散文式的回望。

为纪念弘一大师圆寂八十周年，去年又出版了《李叔同传：从风华才子到云水高僧》。

按照我的计划，接下来该写《梁启超传》了。从深秋到初冬，伴着窗外黄叶飘落，在写了三万多字后，梁启超即将与康有为登上“公车上书”的历史舞台时，三百多年前，那个喜穿儒服、劝钱殉国的柳如是突然浮现眼前。我决定暂时放下一生都沉浮于政治的梁启超，去到历史烟云中，邂逅柳如是了。

我是在壬寅年（2022）二月，京城下了一场小雪的那天，开笔写《红豆遗梦：柳如是小传》的。重读了柳如是的相关资料，结合多年所做的相关笔记，柳如是犹如多年的熟人那般，风姿绰约地站在我眼前。我不能错过这个机会。

到了十一月，新冠疫情稍稍缓和，便将正在写柳如是的情况，告知来书房做客的重庆出版社驻京负责人徐宪江，这位曾在八年前负责出版我的《往事流光》一书的朋友，立即表示愿再度合作。随后宪江又给我找来不少关于柳如是的出版物，让我心里更有底气了。

《红豆遗梦：柳如是小传》，依然是传记体。我在尊其度的同时，想别出心裁。非虚构写作，属于文学散文大家族中的一员，它的重要特性是“真实性”，既不可用真实的材料平面地呈现人物，也不能无限破体，任意虚构。我需坚持对材料进行爬梳剔抉，去伪存真，进入“现场”；秉持真诚为人物立传的态度，落笔有依据、有所本；并力求情感真挚，因“情之至者，自然流为至文”，特别是对堕入青楼却一身正气的弱女子，不能有丝毫轻鄙。唯有至诚才能动人，人物才丰满，见风采、见精神、见灵魂，方可让读者透过数百年历史烟云，见到一个真实可信有温度的柳如是。

由于柳如是与钱谦益是夫妻，在乾隆下令禁毁钱谦益的诗文集时，柳如是的作品及其传记也受到牵连。

后来出现的有关柳如是的事辑之作，如《柳如是事辑》《钱牧斋、柳如是佚诗及柳如是有关资料》《质直谈耳·七·柳如之(是)轶事》《河东君轶事》等皆为传写本，不少为溢美之词，乏善可陈，倒是关于柳如是的诸多诗文钞，虽散乱纷揉，不相统摄，但相对可信。文如其人，以其文证其人，人品气度自然把握得住。

本书取班固所概括的司马迁的写作态度：“其文直、其事核，不虚美、不隐恶”，力争以可信的资料，多角度、多侧面呈现柳如是一生，相信读者会在阅读后，发现一个丰姿逸丽、能书擅画、志操高洁、有烈丈夫之风的爱国奇女子——柳如是。

若能得到读者的肯定和喜爱，乃我莫大荣耀。

癸卯春四月于北京抱独斋

附录1

《戊寅草》

序

余览诗上自汉魏，放乎六季，下猎三唐。其间铭烟萝土之奇，湖雁芙蓉之藻，固已人人殊，而其翼虚以造景，缘情以趋质，则未尝不叹神明之均也。故读《石城》《京岘》《采菱》《秋散》之篇，与《宁墅》《麻源》《富春》之咏，是致莫长于鲍谢矣。观《白马》《浮萍》《瑟调》《怨歌》之作，是情莫深于陈思矣。至巉岩骏发，波动云委，有君父之思，具黯怨之志，是文莫盛于杜矣。后之作者，或短于言情之绮靡，或浅于咏物之窅昧，惟其惑于形似也。故外易而内伤，惟其务于侈靡也。故貌丽而神竭，此无论唐山班蔡之所不逮，即河朔汉南之才，雕思而多蒙密之失，深谋而益拟议之病，亦罕有兼者焉。故有媛远之略，而失在于整栗，此其流逸之患矣。有割曳之姿，而失在于壮溟，此其轻脱之患矣。夫言必诡以肆，气必傲以骋，文必奔腾而涌浏，义必澄泓而取寂，此皆非其至也。然可语于学士大夫之作，不可论于闺襟之什焉。乃今柳子之诗，抑何其凌清而瞷远，宏达而微恣与？夫柳子非有雄妙窅丽之观，修灵浩荡之事，可以发其超旷冥搜之好者也。其所见不过草木之华，眺望亦不出百里之内，若鱼鸟之冲照，驳霞之明瑟，严花肃月之绣染，与夫凌波盘涡，轻岚昼日，蒹葭菰米，冻浦岩庵烟火之袅袅，此则柳子居山之所得者耳。然余读其诸诗，远而恻荣枯之变，悼萧壮之势，则有旻[曼]衍漓槭之思，细而饰情于潴者蜿者，林木之芜荡，山雪之脩阻，则有寒澹高凉之趣，大都备沉雄之致，进乎华骋之作者焉。盖余自髫年，即好作诗，其所见于天下之变亦多矣。要皆屑屑，未必有远旨也。至若北地创其室，济南诸君子入其奥，温雅之义盛，而入神之制始作，然未有放情暄妍，即房帷亦能之矣。迨至我地，人不逾数家，而作者或取要眇，柳子遂一起青琐之中，不谋而与我辈之诗竟深有合者，是岂非难哉？是岂非难哉？因是而欲以水竹之渺濛，庭阶之荟翳，遂可以伏匿其声援，而震怵其意气，此实非矣。庶几石林淙舍之寂，桂栋药房之艳，天姥玉女、海上诸神山之侈以巨，使柳子游而不出焉者可也。夫灵矫绝世之人，非有以束之，固不可。苟天下有以束之，亦非处子最高之致也。则意者挟沧溟之奇，而坚孤栖之气乎？夫道之不兼，斯遇之不两得者也。故舍飙驰而就淡漠，亦取其善者而已。使由是焉，寰中之趣，其亦可眇然而不睹也夫。

陈子龙题

诗

行行重行行

浩歌发渌水，媚风激青帷。宿昔承眄睐，志意共绮靡。
岂期有离别，送君春水湄。芳素长自守，远迈竟何之。
桐花最哀怨，碧柰空参差。思君漳台北，台流吹易长。
灿烂云中锦，上著双鸳鸯。黄鹄飞已去，鲤鱼何时将？

青青河畔草

飙飙华馆风，皃皃玄岭草。习习翔绛晨，淫淫睹窅眇。
翼翼众奇分，溜溜凌青照。羁望久难慰，星汉长飘飖。
佳期安可寻，缀目成新眺。

5

青青陵上柏

邑邑云中鹄，幽幽草间虫。劣当得道步，恒坠荒思中。
人生苦不乐，意气何难雄。走猎邺城下，射虎当秋风。
芳园置樽酒，妙伎呈嘉容。流苏夹绮毂，珊道列芙蓉。
宝袂逞飞辩，上客齐卧龙。金吾一何鄙，悲歌心不终。

今日良晏会

清晖何灵洁，嘉宾集兹辰。有心洞飞滞，玄华理所亲。
妙唱不我见，柔翰情难申。驰目玩冥奇，扬蛾肆态神。
流眄当佳丽，心期桐柏臻。偕我兰蕙姿，驱车玉虚滨。
别此上五岳，朝列魏夫人。

西北有高楼

腾云冠高漳，绮鸟疏层台。此日俦旷素，秀竞绝盈苔。

隐隐东南轩，玉指弹何哀。鳞波障人意，叠起愁为开。
坚持如断雾，游曳随飞埃。缥渺何足感，良会无新裁。
罗襦未弃色，檀水未成灰。劲翮即以息，红颜何繇摧。

涉江采芙蓉

单舟亦折艾，叠舸共采莲。枉抑莲渚上，折露诚迁延。
风波何浩荡，姿素何清涓。美人来偏迟，使我心沉绵。

皎皎明月光

深林自微细，朗月出潺湲。㶉𫛶照人白，湿雾横空山。
明童拨水去，青女骑月还。皎皎被玉服，冶质秋云端。
抒音自玄畅，岩桂何脩寒。霓旌虽暂住，凤驷难久安。
瑶琴盘石上，泠泠清商弹。从此离尘纷，悠悠云中鸾。

冉冉孤生竹

逍遥感石腴，至神无常移。昔时缟带间，明月何陆离。

7 迄今万馀里，不敢忘初时。双鹢自翔侧，单鹄长凄靡。
火浣织成素，青绫暮还丝。念君惟一身，形影谁执持。
暧暧九灵璈，浥浥沧景辞。上下会有涯，岂能无相思。

庭中有佳树

弱丧为杂役，涸瀁求五芝。硕真因诞德，结藻太玄侧。
我欲赠夫子，馨香无可植。苟能一有心，何必芝可食。

迢迢牵牛星

众星负石濑，河鼓压嘉林，甃粉触荣衣，玄翎蔽天孙。
千秋邈幽期，万世共灵心。怆然河桥下，乐度丰影森。
瞻盼良不远，寤寐神优淫。

回车驾言迈

瑟日浔已属，幽澜谷中变。苍藤交晴木，泬漻盈顾眄。
蛚蜻相斗飞，白芜满悲溅。朔风上断冥，浪云烛莽殿。

美好会有时，金石何足恋。我行大漠中，凛凛风吹面。

城东高且长

潋滟月清向，照此珊瑚钩。琼户飞逸姿，电窗缀欢稠。
沉沉行云态，窈窈扶桑洲。靃树筑瑶馆，耀雉涌玉楸。
美人生南国，更自好金篌。纡杂如隐雷，回伏似波流。
鬒裳闻内艳，鞮发度清眸。娱心自当逐，欢意良可求。
大风蔽蘅杜，黄竹吹蜉蝣。保此松柏心，相与邯郸谋。

驱车上东门

我登北邙上，下望如蚁位。陇水匝树杪，乌鹊成夜魅。
笙竽列长杨，丹旐空悦媚。朝见贵人入，暮见名士累。
昔有苏仙人，千年一归视。华表化犹猢，铜人亦垂泪。
感此巢神山，长松读丹秘。此事不我欺，药成非汝类。
孺子何无谋，日夕甘寤寐。

9 去者日以疏

蜚狐窥我旁，潜蛟制我室。苟或非龙彪，良图亦须失。
台馆易嵯峨，珠玉会萧瑟。岂无激昂志，忧心乃愈疾。
但当恣遨游，顾眄垂清逸。

人生不满百

事大固不满，事小亦必抑。目履周暗彻，体弱尽遐特。
此非顺饶乐，天命有时息。钟鼓何勿陈，蟋蟀鸣恻恻。
愿言展生平，芳淑皆自得。

凛凛岁云暮

啼蛄暗龙脑，红脂隳兰衣。遐露沉鹬水，帘叶皆严飞。
烛龙烂银筝，碎凤触铜扉。斯时见君子，芳素如桐辉。
蟠螭为我寝，香祓为我披。咽水断人意，绀黛微情帏。

箄篣乱云发，骖驾泛清围。自来有霜露，不惜人芳菲。

情来梦还止，炫炫忘音徽。偶闻天上曲，已怨双情违。

孟冬寒气至

雕甍方凄飋，缛绣更沉戚。泣椒自愁粉，帖翠意难迪。

旖旎非寒冬，玄灵何迫觌。客从远方来，贻我书的历。

君心泻瑶树，妾意感花额。言言有深际，欢处殊不怿。

长感故人心，故心犹可忆。

客从远方来

客来何所贻，贻我菖蒲石。菖蒲皆九节，石是珊瑚色。

怀之生峄梦，灼灼同心臆。金闺自流耀，馨香难雕刻。

持此歌白纻，逶迤鸾照日。

明月何皎皎

金膏弄明月，联风涓绿苹。斯时欲渝乐，凄凄心久仍。

21 戏鲔自怅望，秋薆何积澄。物候信难至，一往无骄矜。

岂乏旧芳旦，对此神不宁。

遣怀

瑟体近亦纵，所在幽雯生。感事类濛远，览志托诚宏。

冷然通思愫，眇忽殊难更。物候变繁灼，遐浑仍就明。

春月耿不发，流星没无精。玉形太曲折，绿帏鉴空盈。

常恐世冶速，灵妙如烟轻。何以见滞质，令吾思不清。

其二

设想自坚确，百物曾不逾。冥激最感人，失玩徒须臾。

上志豁素期，下志结根株。朱颜定无方，交袂光亦殊。

罗词情四际，织意安能拘。皎皎东西岑，不言神先趋。

紫兰荫飞盖，绛节焕华区。泛泛若愁思，愿子自无虞。

晓仙谣

龙堂夜转回天扉，凤巢声隐麗簌低。

锦轮日唱洞庭湿，虬幡虎节灵符飞。

列钱绛滴芙蓉冠，桂殿黄支井壁尾。
银河北道开层城，紫梢龙子如细尘。
海风不辨樱桃红，神魄未归仙雾濛。
鲸鱼光颜吹不起，晓行万里陵阳宫。
雷軿无数骜熳语，邪麟斗乘裂波去。
一夜娇狞珮珠白，帐中烟浪更无迹。

游龙潭精舍登楼作时大风和韵

琢情青阁影迷空，画舫珠帘半避风。
缥缈香消动鱼钥，玲珑枝短结氍红。
同时蝶梦银河里，并浦鸾潮玉镜中。
历乱愁思天外去，可怜容易等春蓬。

白燕庵作 乃我郡袁海叟之故址，墓在其侧

茅堂虚动可容微，林景幽生知远翳。
不似澄岩多种秫，空留五亩列庭葵。
词人已著河栖室，先生居海上。

此地常馀墓草悲。

总是袁家高卧处，山阳何必更题诗。

以其无墓碑也。

西洲曲　仿古作

清潮下西洲，粲云去江北。金井鸦雏啼，薇帐莺儿色。

夜半刻花水，遥见黄梅渡。渡时暗莫春，春梦播芳树。

树下樱桃花，红玉氍毹遮。花发郎不至，妾向阿甄家。

甄家近河阳，金缕芙蓉裳。芙蓉死芳色，叶老黄蜂碧。

蜂飞紫荚残，琥珀沉娇烟。忆郎郎不至，烂熳思愁弦。

一弦复一愁，望郎上层楼。楼高人断绝，却怨双鸾钩。

鸾钩白如水，叠柳相参差。相思千万里，撩乱鬣松枝。

鬣松共梧楸，历幕仍轻秋。秋风须缥缈，吹妾上西洲。

伤歌

翔禽首飘翳，白云寄贞私。岁月荡繁圃，风物遑弃时。

揽衣眷高翮，义大难为持。沙棠亦已实，乌椑亦已侈。

渌水在盛霄，碧月回晴思。厉飙忽若截，洞志讵有私。
人居天地间，失虑在娥眉。得之讵有几，木叶还辞枝。
诚恐不悟此，一日沦无期。俦匹不可任，良晤常游移。
我行非不远，我念非不宜，忧来或不及，沾裳不能止。
春风易成偶，春雨积成丝。谁能见幽隐，之子来何迟。
一言违至道，谅为达士嗤。

六忆诗

忆来时，香气上阶墀。金铺月翳映，玉户风凝迟。妙态不须见，掩抑诚难思。

忆坐时，溶漾自然生。习适久华会，方意徘徊成。形影春风里，窈窕共一情。

忆食时，朱颜并玉色。微细齐人情，欢爱似不力。别待幽霭姿，惆怅易不食。

忆眠时，薄艳委娇弦。心心易怜念，实实怯缠绵。但惜馀香粉，何处无妖妍。

忆起时，宛转月阶上。零妆斟意审，欢气自随向。神绪难久藏，因风托思想。

忆别时，不似惜崎岖。意度荡冶得，感念亦复殊。春草待帘栊，光起暗踟蹰。

杨白花

杨花飞去泪沾臆，杨花飞来意还息。
可怜杨柳花，忍思入南家。
杨花去时心不难，南家结子何时还？
杨白花，不恨飞去入闺闼，但恨扬花初拾时。
不抱杨花凤窠里，却爱含情多结子。
愿得有力知春风，杨花朝去暮复离。

寒食雨夜十绝句

玉帘通处暗无声，春草翻为明月情。
记得停桡烟雨里，那人家住莫愁城。

其二

红绡蛱雾事茫茫，不信今宵凤吹长。
留后春风自憔悴，伤心人起异垂杨。

其三

青骢石路已难看，况是烟鬟风雾寒。

爱唱新蝉帐中曲，繇来不向雨中弹。

其四

相思鸾发梦潮收，别有雕栏深样愁。

明月为他颜色尽，止凭烟雨到长楸。

其五

房栊云黑暮来迟，小语花香冥冥时。

想到窈娘能舞处，红须就手更谁知。

其六

苇绡万朵夜玲珑，湘翠犹闻帐暖中。

从此思君那得去，水精帘下看梧桐。有一叶之说。

其七

杨柳湖西青漆楼，闻遐风起水须钩。

无聊最是横塘路，明月清霜草亦愁。

其八

青绫蛱蝶字如霜，半锁杨花更麝黄。

燕子不知愁雾里，飞来羞傍紫鸳鸯。

其九

年年风雨尽平生，梦里春晖作意行。

惹起鸳河半江水，愁人自此不胜情。

其十

合欢叶落正伤时，不夜思君君亦知。

从此无心别思忆，碧间红处最相思。

独坐

春时成独坐，清瑟误芳年。碧渚烟鬟冷，青溪玉梦还。

灵风长似昔，乐水不如前。因何红草色，却有燕莺怜。

其二

昨暮愁思大，如今倍欲伤。神仙自高畅，花鸟任轻扬。

玉柙多春态，金钩尽晚凉。不知今夜月，真悔照空房。

咏蕙兰

一春长是艳阳成，碧雾晴霞蕙草轻。

青蕊有香皆是影，黄须无暖独多情。

春风缥缈何时见，明月清新向此生。

空惹深闺无限思，紫兰花里自分明。

初夏感怀四首

海桐花发最高枝，碧宇霏微芳树迟。

汾水止应多寂寞，蓝田却记最葳蕤。

城荒弧角晴无事，天外搀抢落亦知。

总有家园归未得，嵩阳剑器莫平夷。

其二

凄亭云幄对江湖，城上青髦隐大乌。

婉娈鱼龙问才艳，深凉烽火字珊瑚。

谁人明月吹芦管，无数清笳起鹧鸪。

愧读神经并异注，愁来不觉有悲歌。

其三

扶风歌起向人寒，四月洪涛触望看。

夏服左弯从白马，铙歌清彻比乌弹。

千金元节藏何易，一纸参军答亦难。

我欲荣阳探龙蛰，心雄翻是有阑珊。

其四

荒荒慷慨自知名，百尺楼头倚暮筝。

勾注谈兵谁最险，崤函说剑几时平。

长空鹤羽风烟直，碧水鲸文澹冶晴。

只有大星高夜半，畴人傲我此时情。

送 别

念子久无际，兼时离思侵。不自识愁量，何期得澹心。

要语临岐发，行波托体沉。从今互为意，结想自然深。

其 二

大道固绵丽，郁为共一身。言时宜不尽，别绪岂成真。

众草欣有在，高木何须因。纷纷多远思，游侠几时论。

听钟鸣 有序

钟鸣叶落，古人所叹。余也行危坐戚，恨此

形骨久矣。况乎恻恻者难忘，幽幽者易会。因仿世谦之意，为作二词焉。

听钟鸣，鸣何深，妖栏妍梦轻。不续流苏翠羽郁清曲，乌啼正照青枫根。一枫两枫啼不足，鹍弦烦激犹未明。凄凄朏朏伤人心。惊妾思，动妾情，妾思纵横陈。海唱弯弧君不得，相思树下多明星。用力独弹杨柳恨，尽情啼破芙蓉行。月已西，星已沉。霜未息，露未倾。妾心知已乱，君思未全生。情有异，愁仍多。昔何密，今何疏。对此徒下泪，听我鸣钟歌。

悲落叶

悲落叶，重叠复相失。相失有时尽，连翩去不息。鞞歌桂树徒盛时，辞条一去谁能知？谁能知，复谁惜？昔时荣盛凌春风，今日飒黄委秋日，凌春风，委秋日，朝花夕蕊不相识。悲落叶，落叶难飞扬。短枝亦已折，高枝不复将。愿得针与丝，一针一丝引意长。针与丝，亦可量。不畏根本谢，所畏秋风寒。秋风催人颜，落叶催人肝。眷言彼姝子，叶落诚难看。

五日雨中

苍茫倚啸有危楼，独我相思楼上头。

下杜昔为走马地，阿童今作斗鸡游。

时我郡龙舟久不作矣。

兰皋不夜应犹艳，明月为丸何所投。

家近芙蓉昌歜处，怜予无事不多愁。

遥夜感怀

澌水风已邃，隐嵁崇然倜。清禽翼中性，斂策见我顱。

云物既繁结，阏朗抗辨流。俯槛恣群势，仄音危族留。

砊尔著大郁，窈窕明星收。五弦岂澄虑，积思非吾谋。

从此恻幽晏，恐轶诚鼯鼬。心赏徒知给，遐音难自尤。

灵衣振木末，纡露仍沉浮。西轩何虚没，不寐偏羁忧。

榥然巨蝙蝠，朴我松炬幽。大乌意谯丽，鹏鸟悲绸缪。

况复有太息，灼艳阻时候。大义良可钦，烈芳不可遒。

因兹百愁里，又自怀丹丘。神木非苟得，雷軿非易求。
眷此最姝妙，崿崿无椖稠。安得乏谐媚，英分如龙虬。
嗟余江海思，浩荡无烦修。清逸非崚嶒，玄翮乃冥游。
鸣湍虽乏绪，蠖体孰寡筹。触望念斯人，精奇动林薮。
斯人若鸾凤，鸾凤安能俦。

长歌行

变瀷谷中翮，宵房有馀依。念子秋岩际，炫炫西山薇。
绥鸟悲不迴，毙草狎轻葳。盛时弄芳色，陷势无音徽。
我思抱犊人，翻与幽虫微。

其二

仙人太皎练，华髻何翩然。混遁东濛文，光策招神渊。
登此玄陇朔，读此秘宝篇。玄台拔嗜欲，握固丹陵坚。
何必乘白麟，吹妙璠凤烟。灵飞在北烛，八琅弹我前。

其三

夙昔媚华盛，明月琅玕苍。鳞枝发翠羽，双镜芙蓉光。
自谓坚绸缪，翔协如笙簧。至今扬玉质，更逐秋云长。
薿薿杂花凤，皎皎照绮鸯。朱弦勿复理，林鸟悲金塘。

怅矣霜露逼，灵药无馨香。望望西南星，独我感乐方。

剑术行

西山狐鸟何纵横，荒陂白日啼鼯鼪。
偶逢意气苍茫客，须眉惨淡坚层冰。
手无风云但悍疾，挟我双骑西南行。
未闻马上言龙骧，已见门前悬弓戟。
拂衣欲走青珊瑚，澒洞不言言剑术。
须臾树杪雷电生，玄猿赤豹侵空冥。
寒锋倒景不可识，阴崖落木风悲吟。
吁嗟变化须异人，时危剑器摧石骨。
我徒壮气满天下，广陵白发心恻恻。
视此草堂何为者，雄才大略惟愁疾。
况看举袖星辰移，海童江妾来迟迟。
杰如雄虺射婴茀，矫如胁鹄离云倪。
萃如列精俯大壑，翕如匹练从文狸。
奇鸧孤鹗眼前是，阴云老鹤徒尔为。
丈夫虎步兼学道，一朝或与神灵随。

独我忼忾怀此意，对之硉矹将安之。

怀人

青槐黼帐君来日，绿柳潮平我去时。
水国竟遮清曲里，家园无计锦帆吹。
轻篠弱月今谁度，长笛横秋止自知。
我爱羁怀如大阮，临风容易得相思。

朱子庄雨中相过

朱郎才气甚纵横，少年射策凌仪羽。
岂徒窈窕扶风姿，海内安危亦相许。
朝来顾我西郊前，咫尺蛟龙暗风雨。
沉沉烟雾吹鸾辀，四野虚无更相聚。
君家意气何飞扬，顾盼不语流神光。
时时怅望更叹息，叹吾出处徒凄伤。
天下英雄数公等，我辈杳冥非寻常。
嵩阳剑气亦难取，中条事业皆渺茫。

即今见君岂可信，英思倜傥人莫当。

斯时高眺难为雄，水云漻落愁空濛。

鸳塘蓉幕皆寂寞，神扉开阖翔轻鸿。

苍苍幽梦坠深碧，朱郎起拔珊瑚钩。

风流已觉人所少，清新照耀谁能俦。

高山大水不可见，骚人杰士真我谋。

嗟哉朱郎何为乎？

吾欲乘此云中鹄，与尔笑傲观五湖。

为郎画眉　代人作

龙脑翠袖不飘逼，恐郎兰香退蘧色。

凤仙红甲不弹遮，疑郎柳叶沾桃花。

画成绛仙十斛倩，十二玉楼死郎面。

风流不画亦迷魂，绮帐莺含消几咽。

羡杀三生抛情种，知被谁家肉屏拥。

妖才艳色俱花身，珠作庾信璧江总。

金脱赠郎不郎搜，绣被覆郎为郎愁。

杨柳

不见长条见短枝，止缘幽恨减芳时。
年来几度丝千尺，引得丝长易别离。

其二

玉阶鸾镜总春吹，绣影旎迷香影迟。
忆得临风大垂手，销魂原是管相思。

杨花

轻风淡丽绣帘垂，婀娜帘开花亦随。
春草先笼红芍药，雕栏多分白棠梨。
黄鹂梦化原无晓，杜宇声消不上枝。
杨柳杨花皆可恨，相思无奈雨丝丝。

西河柳花

艳阳枝下踏珠斜，别按新声杨柳花。
总有明妆谁得伴，凭多红粉不须夸。

江都细雨应难湿，南国香风好是赊。
不道相逢有离恨，春光何用向人遮。

游鸳湖作

懭游非无意，植志昭所宣。严城厉旻木，明澮迈嘉川。
感彼旷达士，逶迤出重玄。扬舲结芳素，忞奇皆自然。
我来何为者，虚衍匪留连。道匪自玄畅，乐思观群贤。
下则敌峥嵘，近乃争涂阡。鲜飙自难理，水禽谨五弦。
潋滟聚云物，峦崀濾高延。于兹倾情愫，黝渺昭华年。
溶溶丽晴景，无乃栖思坚。遐哉沧洲人，高朗抗琼编。
峻嶒是我意，滞淹从此专。世态有沉抑，声听多层迁。
林樾自可度，英达谁能联。丹岫及青蕤，骀飒鲜奇妍。
日暮儆窿仄，太息游子篇。灵星伏苍嶕，霾靡盈吾前。

春江花月夜

小砑红笺茜金屑，玉管兔毫团紫血。
阁上花神艳连缬，那似璧月句妖绝。

结绮双双描凤凰，望仙两两画鸳鸯。

无愁天子限长江，花底死活酒底王。

胭脂臂捉丽华窘，更衣殿秘绛灯引。

龙绡贴肉汗风忍，七华口令着人紧。

玳筵顶飞香雾腻，银烛媚客灭几次。

强饮犀桃江令醉，承恩夜夜临春睡。

麟带切红红欲堕〔坠〕，鸾钗盘雪尾梢翠。

梦中麝白桃花回，半面天烟乳玉飞。

碧心跳脱红丝匼，惊破金猊香着月。

殿头卤簿绣发女，签重慵多吹不起。

六忆诗

忆来时，金剪阁妆台。渐听玉摇近，遥知绣幕开。步难花砌稳，香隔翠屏猜。

忆立时，连缬亚螺眉。谜字呼人刻，轻身照水痴。明啼与暗笑，依意总能知。

忆坐时，花月可怜宵。舞软回风艳，歌迟子夜妖。莫言娇已尽，日日看新娇。

39 忆眠时，锦帐下头边。凤钏佯憨夺，桃衫倚醉牵。为怜宛转意，红烛不移前。

忆起时，草草只湘裙。就镜风吹忍，攀薇架动闻。帐中时纳手，抛玩向侬云。

忆去时，遥遥盼夜头。自怜年色好，未肯等闲愁。幸不傍人妒，鸳鸯莫便羞。

赠友人

霏微杂雾吹在野，朗月清灵飞不下。

流觞曲沼层波青，金塘白苎苍凉夜。

矜严之气通英词，神锋高涌涛声时。

与君突兀论情愫，四座靓默皆凝思。

君言磊落无寻常，顾盼纵横人不知。

当年颇是英雄才，至今猛气犹如斯。

我闻起舞更叹息，江湖之色皆奔驰。

即今天下多纷纷，天子非常待颜驷。

丈夫会遇讵易能，长戈大戟非难为。

一朝拔起若龙骧，身帅幽并扶风儿。

大羽插腰箭在手，功高跃马称精奇。
偶然蠖落在榛莽，亦当结客长杨湄。
甘泉五柞马虽下，蓝田柳市人多推。
千秋以是垂令名，四海因之争心期。
嗟哉凤凰今满野，有时不识如山鸡。
君家北海饶异略，屠肆知为非常姿。
一旦匿之心胆绝，三年天下无猜疑。
君今负义亦如此，得非石室山人无。
揽君萧壮徒扼腕，城头击鼓鸟夜呼。
伟人豪士不易得，伟人豪士不易得，
得之何患非吾徒。

观芙蓉池

洪薾既恣意，丹鏁乃联格。帐前事屡违，指后望恐饰。
因之振冥冥，斯奇遂不匿。矧余无任志，观此嘉所识。
动非烦自然，感迹亦不啬。回风病其薄，澹影究所实。
鱼溅岂必设，久之果能得。缅此适凉会，渐近何可息。
叶蔓顾已深，红涌尚思亟。虽非志所予，良为瞻景即。

1 显象非一途，秋风恒足及。澹淡非世宁，迢迢终不抑。
从此儆虚遐，觌取众逸色。

懊侬词

烛龙烂熳琥珀浓，香祓水风窈窕同。
花幡荡摇亦时爱，虬膏金烬罗袂红。
谁知有恨在河阳，梦壩遥寻蝶浪长。
初闻杨柳咽春风，紫燕黄鹂乍相向。
吴歈锦瑟是愁时，绮窗深守更惆怅。
朝传相见在填河，夕说黄姑宿天上。
研思密迹非无情，桃花江璧何为心。
玉钗罗袖月已晏，侍君芳寝那不乱。
琼珰翠羽还相怜，愁袅不来魂欲断。
无端忽是恨金闺，乌臼风吹意已怨。
一晨两晨犹未忘，五宵六旦势将变。
拥炉细语君不闻，游丝杂雾谁能念？
朱帘芳映空玲珑，君面繇来妾不见。
可怜无数见时心，一旦婵娟误弃捐。

妾还南浦君还东，此夜相思君负侬。
荡子春心非一端，秦川漳水何时逢？
知君已作长干人，长干一去多秋风。
江头游女弄明月，兰泽银膏有时歇。
何如长作一心人，白头至死不相绝。
揽君江上旧时书，湿湿红纶飘鲤鱼。
岂无金管愁清心，亦知永夜娇无数。
倚阑此去是谁家？青漆楼西苏小路。
钱塘花月最可怜，满日荒凉锁深雾。
只有回心与懊侬，黄昏日暮闻空啼。
回身不见桃花丝，独向胭脂泪如雨。

送曹鉴躬奉使之楚藩

纷纷玄意领群姿，寂寞遥闻向楚时。
文学方须重邺下，乘传今更属龙池。
澄江历乱吴云没，洛浦皋烟帝子悲。
不是君才多壮敏，三湘形势有谁知？

其二

扬舲历历大江阴，极目湘南才子临。
楚水月明人澹黯，吴川枫动玉萧森。
因看淮幕风云壮，未觉襄郧烽火深。
顾吾相逢增意气，如今无事只遥吟。

采莲曲

莲塘格格蜻尾绿，香威阴烬龙幡曲。
兰皋歙雀金鳞浓，水底鸳鸯三十六。
捉花雾盖凤翼牵，蜂须懊恼猩唇连。
叶多蕊破麝炷消，日光琢刺开青鸾。
麒麟腰带鸭头丝，银蝉佶杂蛾衣吹。
郎心清彻比江水，丁香澹澹眉间黄。
粉痕月避清濛濛，天露寒森迸珠网。
藕花欲落丝暗从，锦鸡张翅芙容同。
脉脉红铅拗莲子，鸿波石溅秋罗衣。
胭脂霏雨俨相加，云中更下双飞雉。

月夜登楼作

香乾歆雀下帘迟，腥血屏风斗一枝。
应有声多吹落木，况看星烔耗清池。
秋原鹤气今方纵，时各言鹤事数条。
明月兰姿不误时。
为是穿针最佳近，鸡台人惹又相思。

赠宋尚木

永栖无缓阻，悏思时为防。漂漂中自合，遇物资所详。
幽姿终见迴，清晖亦与亢。平麼固异安，聊虑矜未央。
纷然赴柔节，属要更屡忘。揽君意气盛，使我心志长。
正说示区理，植思去所妨。静默有深态，神锋匪萧浪。
峥嵘散条纪，慷慨恣霸王。与论天下事，历历为我伤。
斯人信龙蠖，良会多彷徨。策奇及涤体，俯仰何洋洋。
读书兼射猎，不屑夷门傍。惜此然诺心，十年不得扬。
逢君青冥器，往往无尽藏。知己真难酬，中夜恒怏怏。
念此苕华发，严志同秋霜。

初秋八首

云联远秀正秋明，野落晴晖直视轻。
水气相从烟未集，枫林虚极色难盈。
平郊秔稻朝新沐，大泽凫鹥夜自鸣。
莫谓茂陵愁足理，龙堂新月涤江城。

其二

银河泛泛动云凉，荒荻苍茫道阻长。
已有星芒横上郡，犹无清角儆渔阳。
遥分静色愁难制，向晚凋菰气独伤。
自是清晖堪倚恨，故园鹏鹈旧能妨。

其三

苍然万木白苹烟，摇落鱼龙有岁年。
人似许玄登望怯，客如平子学愁偏。
空怀神女虚无宅，近有秋风缥缈篇。

时作《秋思赋》。

日暮飘零更何所，翩翩雁翅独超前。

其四

轻成游鹤下吟风，夜半青霜拂作容。

偃蹇恣为云物态，嶙峋先降隐沦丛。

五原落日交相掩，三辅新秋度不同。

矫首只愁多战伐，应知浩荡亦时逢。

其 五

胧胧暝色杂平河，秋物深迷下草须。

不辨暗云驱木落，惟看鲛室浴凫孤。

南通水府樯乌盛，北照高原树影枯。

同向秋风摇白羽，愁闻战马待单于。

其 六

幽漫飞鸟视平原，露过浮沉漠漠屯。

此日风烟给泗左，无劳弓矢荡乌孙。

波翻鱼雁寻新气，水冷葡萄似故园。

惆怅乱云还极上，不堪晻暧肆金樽。

其 七

长风疏集未曾韬，矫雉翻然谋上皋。

葭荻横秋投废浦，风烟当夜接虚涛。

云妍翳景萦时急，红逖烦滋杂与高。

回首鸾龙今不守，崔巍真欲失戎刀。

其八

鱼波唼唼水新週，高柳风通雾亦勾。

晓雨掠成凉鹤去，晚烟栖密荻花收。

苍苍前箙鹰轻甚，湿湿河房星渐赒。

我道未舒采药可，清霜飞尽碛天擎。

秋夜杂诗四首

密密水新视，漻漻虫与恒。星河淡未直，雀鸟气全矜。杂草形人甚，杂草甚丽也。稠梧久已乘。犹馀泯漠意，清夕距幽藤。

其二

湫壁如人意，澄崖相近看。横山在原后。数纹过清濑，多折造微湍。云实锼深树，清霜落夜兰。此情更大渺，百药竟其端。

其三

月流西竹涧，惑杂放虚云。桂影空沉瓦，松姿不虐群。鱼飞稻冥冥，鸥去荻纷纷。惟当感时候，相与恣灵文。

其四

望之规所务，椒樧杂时非。芳众逾知互，星行多可违。皀雕虽日曼，河驷不无依。后即七夕。悽怀良自尔，谁不近微几。

七夕

芙蓉夜涌鳜鱼飕，此夕苕篁来梦知。
为有清虚鸳阁晚，无劳幽诡蝶花滋。
仙人欲下防深漠，苍影翩然入窦湄。
已是明雯星露会，乌啼灯外见来迟。

晓发舟至武塘

木影固从混，水云脱众泠。
鱼波已相截，凫景信能冥。
漠慎风聊出，滋深雾渐形。
还思论异者，时别卧子。
何处有湘灵？

49 其二

闲态眷新鲔，靡靡事废洲。九秋悲射猎，万里怅离忧。

大泽岂终尔，荒交真少谋。愧余徒迈发，丹鸟论翔浮。

月夜舟中听友人弦索

云涂秋物互飘萦，整月华桐娈欲并。

石镜辩烟悽愈显，红窗新焫郁还成。

通人戏羽嫣然落，袅草澄波相背明。

已近鹍弦第三拨，星河多是未峥嵘。

弦声甚激。

秋深入山

将翻苍鸟迥然离，昃木丹峰见坠迟。

清远欲如光禄隐，深闲大抵仲弓知。

陈寔字仲弓。时惟卧子知余归山。

遥闻潺濑当虚晛，独有庭筠翳暮姿。

松阁华岗皆所务，纷纷柯石已前期。

八月十五夜

涤风初去见迂芳，招有深冥险桂芒。
翠鸟趾离终不发，绮花人向越然凉。
莲鱼窈窈浮虚涧，烟柳沉沉拂淡篁。
已近清萍动霏漪，秋藤何傲亦能苍。

答汪然明

微雰独领更幽姿，袖里琅玕今尚持。
天下清晖言仲举，平原高会有当时。
因思木影苍林直，为觉西泠绣羽迟。
便晓故园星剑在，兰皋秋荻已荒靡。

九日作

离离鹤渚常悲此，因迴含霞夕树平。
不有霸陵横意气，何人戏马阅高清。
峻风落叶翻翔婉，菊影东篱欲娈萦。

1 寂寞文园事屡至，海云秋日正相明。

秋尽晚眺

西峦已降青濛色，耿木澄枝亦见违。
远觌众虚林磬淡，近联流冥赤枫肥。
相听立鹤如深意，侧儆寒花薄暮矶。
为有秋容在画角，荒台多是草漪菲。

其二

流澌纷影入鱼梁，药径秋岩气已伤。
天下嶙峋归草阁，郊原深永怯牙樯。
烟苞衰柳馀晴媚，日蔼江篱落照黄。
更自红霜夜明灭，文涟丹溜总相妨。

咏晚菊

感尔多霜气，辞秋遂晚名。梅冰悬叶易，篱雪洒枝轻。
九畹供玄客，长年见石英。谁人问摇落，自起近丹经。

小令

2

怀人 梦江南二十首

人去也，人去凤城西。细雨湿将红袖意，
新芜深与翠眉低。蝴蝶最迷离。

人去也，人去鹭鹚洲。菡萏结为翡翠恨，
柳丝飞上钿筝愁。罗幕早惊秋。

人去也，人去画楼中。不是尾涎人散漫，
何须红粉玉玲珑。端有夜来风。

人去也，人去小池台。道是情多还不是，
苦为恨少却教猜。一望损莓苔。

53 人去也，人去绿窗纱。羸得病愁输燕子，
禁怜模样隔天涯。好处暗相遮。

人去也，人去玉笙寒。凤子啄残红豆小，
雉媒骄拥亵香看。杏子是春衫。

人去也，人去碧梧阴。未信赚人肠断曲，
却疑误我字同心。幽怨不须寻。

人去也，人去小棠梨。强起落花还瑟瑟，
别时红泪有些些。门外柳相依。

人去也，人去梦偏多。忆昔见时多不语，
而今偷悔更生疏。梦里自欢娱。

人去也，人去夜偏长。宝带乍温青骢意，
罗衣轻试玉光凉。薇帐一条香。

人何在？人在蓼花汀。炉鸭自沉香雾暖，
春山争绕画屏深。金雀敛啼痕。

人何在？人在小中亭。想得起来匀面后，
知他和笑是无情。遮莫向谁生。

人何在？人在月明中。半夜夺他金扼臂，

殢人还复看芙蓉。心事好朦胧。

人何在？人在木兰舟。总见客时常独语，

更无知处在梳头。碧丽怨风流。

人何在？人在绮筵时。香臂欲抬何处堕，

片言吹去若为思。况是口微脂。

人何在？人在石秋棠。好是捉人狂耍事，

几回贪却不须长。多少又斜阳。

人何在？人在雨烟湖。篙水月明春腻滑，

舵楼风满睡香多。杨柳落微波。

人何在？人在玉阶行。不是情痴还欲住，

未曾怜处却多心。应是怕情深。

人何在？人在画眉帘。鹦鹉梦回青獭尾，

篆烟轻压绿螺尖。红玉自纤纤。

人何在？人在枕函边。只有被头无限泪，

一时偷拭又须牵。好否要他怜。

咏风筝　声声令

杨花还梦，春光谁主？晴空觅个颠狂处。尤云殢雨。有时候，贴天飞，只恐怕，捉他不住。

丝长风细。画楼前，艳阳里。天涯亦有影双双，总是缠绵难得去。浑牵系，时时愁对迷离树。

听雨　更漏子

风绣幕，雨帘栊。好个凄凉时候。被儿里，梦儿中。一样湿残红。

香焰短，黄昏促。催得愁魂千簇。只怕是，那人儿，浸在伤心绿。

其二　前调

花梦滑，杏丝飞。又在冷和风处。合欢被，水晶帏。总是相思块。

影落尽，人归去。简点昨宵红泪。都寄与，有些儿，却是今宵雨。

忆梦　江城子

梦中本是伤心路。芙蓉泪，樱桃语。满帘花片，都受人心误。遮莫今宵风雨话。要他来，来得么？

安排无限销魂事。砑红笺，青绫被。留他无计，去便随他去。算来还有许多时。人近也，愁回处。

添病　诉衷情近

几番春信，遮得香魂无影。衔来好梦难凭，碎处轻红成阵。任教日暮还添，相思近了，莫被花吹醒。

雨丝零。又早明帘人静。轻轻分付，多个未曾经。画楼心，东风去也，无奈受他，一宵恩幸。愁甚病儿真。

夜景 两同心 代人作

不脱鞋儿，刚刚扶起。浑笑语，灯儿厮守。心窝内，着实有些些怜爱。缘何昏黑，怕伊瞧地。
两下糊涂情味。今宵醉里。又填河，风景堪思。况销魂，一双飞去。俏人儿，直恁多情，怎生忘你。

寄书 踏莎行

花痕月片，愁头恨尾。临书已是无多泪。写成忽被巧风吹，巧风吹碎人儿意。
半帘灯焰，还如梦水。销魂照个人来矣。开时须索十分思，缘他小梦难寻睬。

五更　浣溪沙

金猊春守帘儿暗，一点旧魂飞不起。几分影梦难飘断。
醒时恼见小红楼，朦胧更怕青青岸。薇风涨满花阶院。

忆旧　河传

花前雨后，暗香小病，真个思清切。梦时节，见他从不轻回。风动也，难寻觅。
简点枕痕刚半折。泪滴红绵，又早春文灭。手儿臂儿，都是那有情人，故把人心摇拽。

59 重游 少年游

丝丝碧树何曾卷，又是梨花晚。海燕翻翻，那时娇面。做了断肠缘。

寄我红笺人不见。看他罗幕秋千。血衣着地，未息飘飏，也似人心软。

落花 南乡子

拂断垂垂雨，伤心荡尽春风语。况是樱桃薇院也，堪悲。又有个人儿似你。

莫道无归处，点点香魂清梦里。做杀多情留不得，飞去。愿他少识相思路。

赋

秋思赋

时既容与，势则漂皓。将有体之相宣，固磠声之洁变。案衍还会，溓懎称遽；任物未详，化始孰去。曾违累而远群，遂约虚而驿意。运密漠之遗音，专潺猗以植遇；猎水裔之嫽妙，烨娑草之善捷。鸟应淡而远斜，条敷穿而辅胁。何爓易之不倨，写纷狡之必列。若爽旦之迢璀，方缪湃而又复。结情缅，被腾竖；荡繁石，涌绛浏。分形奔濩，逸机疏炯。与乎漫漫，青荧激流；缤纷可裁，暗蔼眇眇。鸿焯远来，刚英上回；纍然相击，漠不可受。遽役容于混成，将华威而先疾。厥高行游，招摇中息。栖剘旇，迁郁悒；仰踸踔，禀骏逻。竞怳懭而齐形，显修仪之各合。不翔峙于狎中，藉纵冽之甫吟。谅横坠之悉取，尚丰侔之可禁。虽嵼嵥其易从，恣迥奥而载任。怅鴟鼯之相角，竟栌缧之负摭。意妍要于所届，感众隐而宅华。室幽镠而触暮，月错迕而少蹙。风蔑蔑以夷新，波沦沦而练叶。神回依于美羁，匪霁蔼之交灭。招易叛于若兹，术群聚而非密。肃华坂，欻桂棹，滥云湄，岌玉碣；接俶瀸，整危凝，广奇隙，萃弱丽。质自然之博大，抗精观之废留。猗吾道之郅郅，多杂好之衎衎。经弘规而中泰，陬一释而未旋。涂大事惕，不蹈倖源，殊制绝形，沛沛黯黯。即汍沅之在中，轩缠之在外。动厉溃之谁营，总纂粲之无睹。银河内涵而径末，星绳缘烁而难趋。揆肆望之掩蔼，益瀸没之徘徊；讵升景之不能，悲渟滀之可测；案梧子之沈浮，想楸姿之无则。骈风吹以导靡，瑟玉柱而愆式。平青气之絪缊，顺红兰之序色。搜思所任，冥割乃深；涤荡往播，固以成文。纡明象之吾属，引怡虑之最盈。乃返沉冥，格和宁。思太上之立德，俨缥际而少闻；为盛遥之逸举，亦渥彩而寡乘。倘朗婳之不至，又奚取乎诡词？解悫素之可怀，亦时与于未异。奏钟律而一悟，何炫耀之不长？靡揭孽而勿更，流滈瀚其孰忘？揽万象之崄介，究渊琐之共方。望盛时以森桀，距阆阆而邀翔。若华滋之隐隐，抚玄瓒之泱泱。乃摄太乙，降玄冥。丹山峨峨如潗濙，六气扶摇其毓赴；寒门粿粿而骇神，飞龙杳杳其若津。气相察兮宏室不逮，灵往郁兮嘉思倾涉；发鲸鱼兮蝠蝠触奔，夸沕圠兮插阍硎。訬百官兮韬豢响，廓埌减兮彪族详。眃震晦兮永不溃，申遻遻兮后助信。雰庭决兮开骕穰，日纪乱兮道消长。傧浮硕兮天声洪，涉无有兮亦已去。盼湑风兮中所予，云敻敻兮阴藩藩。吾将浸淫兮不知止，嗟秋之阒来兮迁堙易。

别赋

草弱朱靡，水夕沉鳞。又碧月兮河梁，秋风兮在林。指金闺于素壁，问翠幔于琴心。于此言别，怀愁不禁。云泫泫兮似浮，泉杳杳而始下。抚襘幄之霏凉，拂银筝其孰写。重以倰花之早寒，玉台之绛粉。既解佩而邅延，更留香之氤氲。揽红药之夜明，怅青兰而晨恨。会当远去，瞻

63 望孤云。于是明河欲坠，玉勒半盼。化桃霞兮王孙马，冲柳雪兮游子衣。离远皋之木叶，牵睛〔晴〕雾之游丝。度疏林而去我，隔江水之微波。本平夷而起巘，更通达而成河。妍迹已往，遗恩在涂。掩电母而不御，杂水业而常孤。思美人兮江溆，触鸾发兮愁余。并瑶瑟之潺湲，共凤吹而无娱。念众族之皎皎，独与予兮纷驰。谁径逝而不顾，怀缥缈而奚知。诚自悲忧，不可言喻。至若玄圃词人，洛滨才子。收车轮于博望，荡云物于龙池。嘉核甫陈，骊歌遽奏。折银蕊于陇上，骄箫馆于池头。之官京洛，迁斥罗浮。观大旗之莫射，登金谷而不游。叹木瓜之渍粉，聆悽响于清鞆。或溯零陵之事，或念南皮之俦。咸辞成而琅琅，视工思而最愁。又若河朔少年，南阳乳虎。感乌马兮庭阶，击苍鹰兮殿上。风戋戋兮渐哀，筑摵摵而欲变。上客敛魂，白衣数起。左骖殪兮更不还，黄尘合兮心所为。忽日昼之晻暧，睹寒景之侵衣。愁莫愁兮众不知，悲何为兮悲壮士。乃有十年陷敌，一剑怀仇。将置身于广柳，或髡钳而伏匿。共衰草兮班荆，咽石濑兮设食。逝泛滥于重渊，旷雪煜于窋室。酒未及濡，餐未及下。歌河上而沾裳，仰驷沫而太息。若吴门之篪，意本临岐。大梁之客，魂方逝北。当起舞而徘徊，更痛深其危戚。至若掩纨扇于炎州，却真珠于玉漏。恩甚兮忽绝，守礼兮多尤。观翡羽之拂壁，慨龙帷之郁留。念胶固而独明，惟销铄之莫任。垂楚组而犹倚，绖凤绶而遣神。盼雉尾于俄顷，迥金螭之别深。日暮广陵，凭栏水调。似殿台之清虚，识宜春之朗曼。乃登舟而呜咽，愁别去其漫漫。又若红粉羽林，辟邪独赐。同武帐之新宠，后灞岸之放归。紫箫兮事远，金缕兮泪滋。更若长积雪兮闭青冢，嫁绝域兮永乌孙。俨云蝉于万里，即烟霓之夕昏。雁山晓兮断辽水，红蕉涩兮辞婵媛。至若灵娥九日兮将梳，苕蓉七夕兮微渡。月暎晢而创虹缕，露流澌兮开房河。披天衣之宵叙，忽云旗之怅图。亦有托纤阿于淄右，期玉镜于邯郸。甫珊瑚之照耀，亲犀珞之缠绵。悼亭上之春风，叹上巳于玉面。本独孤之意邈，绕窦女之情娟。至有虾蟆陵下之歌，燕子楼前之雨。白杨萧萧兮莺冢灰，莓苔瑟瑟兮西陵土。怆虬膏之永诀，淡华烛而终古。顾骖驔之莫攀，止玉合之荐处。岂若西园无忌，南国莫愁，始承欢而不替，卒旷然而不违。君歌折柳于郑风，妾咏蘼芜于天外。异樱桃之夜语，非洛水之朝来。自罘罳之雀暗，怜兰麝之鸭衰。

据青皋之如昨，看盘马之可哀。招摇蹀躞，花落徘徊。结绶兮在平乐，言别兮登高台。君有旨酒，妾有哀音，为弹一再，徒伤人心。悲夫同在百年之内，共为幽怨之人。事有参商，势有难易。虽知己而必别，纵暂别其必深。冀白首而同归，愿心志之固贞。庶乎延平之剑，有时而合。平原之簪，永永其不失矣。

男洛神赋　有序

友人感神沧溟，役思妍丽，称以辨服群智，约术芳鉴，非止过于所为，盖虑求其至者也。偶来寒溆，苍茫微堕，出水窈然，殆将惑其流逸，会其妙散。因思古人征端于虚无空洞者，未必有若斯之真也。引属其事，渝失者或非矣。况重其请，遂为之赋。

格日景之轶绎，荡回风之濙远。綷漼然而变匿，意纷讹而鳞衡。望嫄娟以熠耀，粲黝绮疏陈。横上下而仄隐，寔澹流之感纯。识清显之所处，俾上客其逶轮。水瀑瀑而高衍，舟冥冥以伏深。虽藻纨之可思，竟隆杰而飞文。骋孝绰之早辩，服阳夏之妍声。于是徵合神契，典泽婉引。揽愉乐之韬映，撷凝幁而难捐。四寂漻以不返，惟玄旨之系搴。听坠危之落叶，既萍浮而无涯。临汜藏之萌滥，多淤漪于肆掩。况乎浩觞之猗靡，初无伤于吾道。羊吾之吟咏，更奚病其曼连。善憀慄之近心，吹寒帷之过降。乃瞻星汉，溯河梁。云驭嵺而不敷，波窸杂以并烺。凄思内旷，搣理妙观。消矆崒于戾疾，承辉嫮之微芳。伊苍傣之莫记，惟隽朗之忽忘。惊淑美之轻堕，怅肃川之混茫。因四顾之速援，始嫚嫚之近旁。何熿燿之绝殊，更妙鄢之去俗。匪褕衪之嬛柔，具灵娇之烂眇。水气酷而上芳，严威沆以窈窕。尚结风之栖冶，

67 刻丹楹之纤笑。纵鸿削而难加，纷琬琰其无睹。凫雁感而上腾，潾灦回而争就。方的砾而齐弛，遵襳睃以私纵。尔乃色愉神授，和体饰芬。启奋迅之逸姿，信婉嘉之特立。群妩媚而悉举，无幽丽而勿臻。懭乎缈兮，斯因不得而夷者也。至其浑摅自然之涂，恋怀俯仰之内，景容与以不息，质奇焕以相依。庶纷郁之可登，建艳蓥之非易。愧翠羽之炫宣，乏琅玕而迭委。即濯妙之相进，亦速流之诡词。欲乘时以极泓，聿鼓琴而意垂。播江皋之灵润，何瑰异之可欺。协玄响于湘娥，匹匏瓜于织女。斯盘桓以丧忧，雕疏而取志。微扬蛾之为嚳，案长眉之[嘸色]。非仿佛者之所尽，岂漠通者[之]可测。自鲜[缭]绕之才，足以穷此焰漾之熊[矣]。

附录2

河东君小传

顾苓

9 河东君者，柳氏也。初名隐雯，继名是，字如是。为人短小，结束俏利，性机警，饶胆略。适云间孝廉为妾。孝廉能文章，工书法，教之作诗写字，婉媚绝伦。顾倜傥好奇，尤放诞。孝廉谢之去。游吴越间，格调高绝，词翰倾一时。嘉兴朱治憪为虞山钱宗伯称其才，宗伯心艳之，未见也。崇祯庚辰冬，扁舟访宗伯。幅巾弓鞋，著男子服。口便给，神情洒落，有林下风。宗伯大喜，谓天下风流佳丽，独王修微、杨宛叔与君鼎足而三，何可使许霞城、茅止生耑国士名姝之目。留连半野堂，文燕浃月。越舞吴歌，族举递奏；《香奁》《玉台》，更唱迭和。既度岁，与为西湖之游。刻《东山酬和集》。集中称河东君云。君至湖上，遂别去。过期不至，宗伯使客搆之乃出。定情之夕，在辛巳六月初七日。君年二十四矣。宗伯赋《前七夕诗》，要诸同人和之。为筑绛云楼于半野堂之后，房栊窈窕，绮疏青琐。旁龛金石文字、宋刻书数万卷，列三代秦汉尊彝环璧之属、晋唐宋元以来法书名画，官哥定州宣成之瓷，端溪灵璧大理之石，宣德之铜，果园厂之髹器，充牣其中。君于是乎俭梳靓妆，湘帘斐[渠]几，煮沉水，斗旗枪，写青山，临墨妙，考异订讹，间以调谑，略如李易安在赵德卿家故事。然颇能制御宗伯，宗伯甚宠惮之。乙酉五月之变，君劝宗伯死，宗伯谢不能。君奋身欲沉池水中，持之不得入。其奋身池上也，长洲明经沈明抡馆宗伯寓中见之；而劝宗伯死，则宗伯以语兵科都给事中宝丰王之晋，之晋语余者也。是秋，宗伯北行，君留白下。宗伯寻谢病归。丁亥三月，捕宗伯亟，君挈一囊，从刀头剑铓中，牧圉饘橐惟谨。事解，宗伯和苏子瞻《御史台寄妻》韵，赋诗美之，至云:“从行赴难有贤妻。”时封夫人陈氏尚无恙也。宗伯选《列朝诗集》，君为勘定《闺秀》一集。庚寅冬，绛云楼不戒于火，延及半野堂，向之图书玩好略尽矣。宗伯失职，眷怀故旧，山川间阻，君则“知子之来之，杂佩以赠之；知子之顺之，杂佩以问之”，有《鸡鸣》之风焉。久之，不自得。生一女，既昏。癸卯秋，下发入道。宗伯赋诗云：“一剪金刀绣佛前，裹将红泪洒诸天。三条裁制莲花服，数亩诛锄穲稏田。朝日装铅眉正妩，高楼点黛额犹鲜。横陈嚼蜡君能晓，已过三冬枯木禅。”“鹦鹉纱窗昼语长，又教双燕话雕梁。雨交沣浦何曾湿，风认巫山别有香。初著染衣身体涩，乍抛稠发顶门凉。萦烟飞絮三眠柳，飏尽春来未断肠。”明年五月二十四日，宗伯薨。族子钱曾等为君求金，要挟蜂起，于六月二十八日自经死。宗伯子曰孙爱及婿赵管为君讼冤，邑中士大夫谋为君治丧葬。宗伯门人顾苓曰：呜乎！今而后宗伯语王黄门之言，为信而有征也。宗伯讳谦益，字受之，学者称牧斋先生，晚年自号东涧遗老。甲辰七月七日书于真娘墓下。

范锴《华笑庼杂笔》，道光刻本，卷一，第五一七页。